나는 아프리카로 간다

SEKAI DE ICHIBAN INOCHI NO MIJIKAI KUNI
by YAMAMOTO Toshiharu
copyright©2002 YAMAMOTO Toshiharu
All rights reserved.

Originally published in Japan by HAKUSUISHA PUBLISHING CO., Tokyo.
Korean translation rights arranged with
HAKUSUISHA PUBLISHING CO, Japan
through THE SAKAI AGENCY and BOOKCOSMOS.

이 책의 한국어판 저작권은 (주)북코스모스와 사카이 에이전시를 통한 저작권자와의 독점 계약으로
한국어 판권을 도서출판 달과소가 독점합니다.
저작권법에 의하여 한국 내에서 보호를 받는 저작물이므로 무단 전재와 복제를 금합니다.

사랑을 나누러 떠난 한 남자의 여행

나는 아프리카로 간다

야마모토 토시하루 지음
문종현 옮김

달과소

나는 아프리카로 간다
첫판 1쇄 2003년 5월 16일
개정판 1쇄 2005년 7월 18일

지은이 야마모토 토시하루 Yamamoto Toshiharu | **옮긴이** 문종현
펴낸이 문종현 | **펴낸곳** 도서출판 달과소 | **출판등록** 2004년 1월 13일 제2004-6호
주소 411-380 경기도 고양시 일산구 장항동 730-1 양우로데오시티 750호
전화 031-817-1342 | **팩시밀리** 031-817-1343 | **홈페이지** www.dalgaso.co.kr
디자인 고냥새 | **찍은곳** 신우문화인쇄 | **ISBN** 89-91223-09-5 [03830]

▪ 잘못된 책은 바꾸어 드립니다. ▪ 책값은 뒤표지에 표시되어 있습니다.

내 마음속에는 다른 사람에게 좋은 일을 하면

그 사람도 또 다른 사람에게 친절을 베풀어

온 세상으로 행복이 퍼져 나갈 것이라는 믿음이

어딘가에 아직도 남아 있습니다.

차 례

　　　　프롤로그 시에라리온(Sierra Leone) … 8

1. 신이 사는 나라
　　이국의 아침 … 12
　　처음 겪는 출산 … 19
　　BB로션 … 36

2. 정처 없는 마음
　　국경없는의사회 … 42
　　마일91 … 51
　　갈색 회오리 … 57

3. 언어의 힘
　　소년병 … 64
　　성인식 … 72
　　이력서 … 87

4. 동료들과의 거리
　　영어의 벽 … 94
　　저마다의 이유 … 107
　　사랑에 빠진 요원 … 115

5. 가르침에 대한 정열
　　상식이란? … 124
　　교사가 된 의사 … 133
　　성병에 대하여 … 137

6. 삶과의 사투
　　죽음의 병 … 142
　　날씬해진 몸 … 152
　　단백질의 보고? … 162

7. 계획을 세우는 사람들
　　실상 … 166
　　과거와의 이별을 위해 … 173
　　하와이의 바람둥이 … 177

8. 휴가
　　부재의 실험 … 182
　　검은 대륙의 역사 … 191
　　성욕의 해소 … 198

9. 커다란 계획
　　새로운 도전 … 204
　　수준의 격차 … 209
　　수호신 … 215

10. 떠나면서
　　송별회의 눈물 … 220
　　새로운 시작 … 222
　　에필로그 총선거의 결과는? … 225

　　진정한 국제자원봉사란 무엇인가? … 228
　　국경없는의사회 … 238
　　부록1 국제 의료 협력에 자주 사용되는 통계학적 수법 … 240
　　부록2 국제 의료 협력에 있어서 물과 위생, 영양에 관한 표준 … 244

프롤로그

시에라리온(Sierra Leone)을 알고 있습니까?

여러분은 서아프리카에 있는 시에라리온을 알고 계십니까?

내 주위의 친구들에게 물어보아도 누구 하나 아는 사람이 없는데, 대충 이런 나라입니다.

아프리카 대륙의 서안에는 세네갈과 기니 등의 나라가 있는데, 시에라리온은 기니에 인접한 작은 나라로 인구는 450만 명 정도입니다.

이 나라에는 세계 최악의 의료 통계 기록들이 많이 있습니다.

예를 들면, 평균 수명이 25~35세로 세계에서 가장 짧습니다. 세계인의 평균이 65세정도인 것과 비교하면 겨우 절반에 불과합니다.

이 때문에 항상 UN과 WHO(세계보건기구)의 주목을 받고 있으며, 의심할 여지없이 세계 최악의 의료 사정에 놓여 있는 국가입니다.

저는 국경없는의사회(Medecines Sans Frontieres: MSF) 소속으로 이 나라에 6개월간 파견되었는데, 이 책은 그 눈물과 웃음(?)의 기록입니다. 국제자원봉사에 관심을 갖고 계신 여러분들은 조금이나마 흥미가 있지 않을까 생각합니다.

1

신이 사는 나라

이국의 아침

"꾸르륵 꾸르륵 꾸르르륵…"

캄캄한 방 안, 이상한 소리가 울려 퍼진다. 배를 찌르는 듯한 통증에 눈을 떴다. 배꼽 주위가 전반적으로 아프다.

주위를 둘러보니 방 안은 물론이고 밖도 아직 캄캄한 한밤중이다. 자명종 시계에 손을 뻗어 문자판을 밝히는 스위치를 눌렀다.

'아직 4시 반. 또다시 설사다'

서아프리카의 '시에라리온'에 온 지 벌써 보름이나 지났지만 줄곧 설사가 계속되고 있다. 물이 맞지 않는지, 무슨 병균에 감염된 것인지는 알 수 없으나 매일 새벽 참을 수 없는 복통으로 눈을 뜬다.

"꾸르륵 꾸르륵"

배가 점점 더 아파 온다. 강렬한 변의에 서둘러 화장실을 향해 뛰쳐나갔다. 베갯머리에 놓아둔 등산용 라이트를 머리에 쓰고 주위를 비춘다. 침대 전체를 감싸고 있는 모기장을 밀쳐 내고 바깥으로 나갔다. 샌들과 의자에 걸쳐 놓은 티셔츠와 검은 반바지를 낚아채 허둥지둥 입었다. 날씨가 꽤 서늘하다.

이 나라는 적도 바로 아래에 위치하여, 연중 매일 최고기온이 33도에 이르지만 심야에서 아침 동이 트기 전까지는 15도까지도 내려간다. 그래서 옷을 모두 벗어 버리고 잠자리에 들지만 새벽녘에는 오싹할 만큼 한기가 든다.

2평 남짓한 콘크리트 방을 나와 마당으로 통하는 문으로 향한다. 밖으로 나가는 문은 단단히 잠겨 있어 여는데 항상 애를 먹는다. 빗장을 풀어야 하는데, 이게 그렇게 간단하지가 않다.

내가 문 앞에서 짤가닥거리고 있는데 문밖 마당 쪽에서 소리가 들렸다.

"누구? 또 토시야?"

나는 이곳에서 토시하루의 첫머리를 따와 '토시'라는 이름으로 불린다.

"그래, 팀보. 화장실에 좀 가야 하는데 문이 도통 열리질 않아!"

팀보는 야간 안전 순찰원인데, 얼마 전 그가 중증의 말라리아에 걸렸을 때 약을 처방해 준 일을 계기로 친해졌다.

"잠깐만 기다려 봐."

덜컥하는 소리가 들렸다. 팀보가 가지고 있던 등유 램프를 땅바닥에 내려놓은 모양이다.

몇 초 후, '쿠-웅' 하는 중저음이 주위에 울려 퍼졌다. 아마도 작정하고 문짝 한가운데를 걷어찬 모양이었다. 그러자 빗장이 헐거워졌는지 힘없이 풀렸다.

"어이쿠, 모두들 깨 버리겠는걸."

너무 큰 소리가 나서 걱정이 되었다.

"괜찮아, 괜찮아."

팀보가 밝게 웃으며 답한다. 뭐가 괜찮은지는 모르겠지만, 이렇게 된 마당에 아무래도 상관없다.

우여곡절 끝에 마당 한편에 있는 화장실에 겨우 다다랐다. 하지만 이것으로 끝이 아니다.

여기에는 당연히 수세식 화장실이 없다. 지면에 직경 20센티미터 정도의 깊고 둥근 구멍을 파고 이곳에 용변을 본다. 그 구멍 주위를 발과 같은 것으로 둘러쳤을 뿐이다. 이 시간의 화장실 안은 캄캄하기 때문에 화장실 밖에 있는 등유 램프를 들어 안을 비추자….

"아, 또 있다."

구멍을 뚫고 화장실을 만든다. 화장지는 내가 가지고 간 것.

이 나라에는 거대한 바퀴벌레가 산다. 일본에 있는 놈들의 5배는 족히 된다. 벌레라기보다는 동물에 가깝다. 거짓말을 좀 보태면 쥐보다도 큰 것 같다. 이 놈들은 성실하게도 매일 아침 이 시간만 되면 나를 맞아준다.

사실 나는 바퀴벌레를 아주 싫어해서 보는 것만으로도 움찔움찔한다. 사사삭 하고 다가오는 것만으로도 공포에 사로잡히고 만다. 고국에서도 바퀴벌레가 나타나면 때려잡지 못하고, 근처 편의점으로 도망가 바퀴벌레 약을 사오곤 했다.

가까이에 있던 나무 몽둥이로 바닥을 탁탁 두드려서 겨우 쫓아낸다. 도망가 주면 다행이지만, 도망가지 않고 계속 다가온다면 내가 뒤로 물러설 수밖에 없다.

이러다보면 오전 5시가 된다. 이 시간은 아내의 이메일을 수신하고, 나도 답장을 보내는 시간이다. 아내는 이미 MSF 파견 경험이 있다. 그녀는 스리랑카와 이란에서 1년 반 가까운 파견 생활을 한 적이 있어, 이번에 내가 아프리카로의 파견이 결정되자 여러 가지 조언을 해 주었다. 지금도 이렇게 매일 아침 이메일을 주고받으며 나의 푸념을 들어준다. 참고로 그녀가 스리랑카와 이란에 있을 때에는 내가 들어주는 쪽이었다.

기도 소리가 들리기 시작한다.

"오~, 호게야, 자~ 자장, 뿌오~"

정확하다. 시에라리온은 인구의 80퍼센트 이상이 이슬람교도인 이슬람 국가이다. 매일 아침 5시 반이 되면 아침 기도가 시작된다. 기도 소리는 사람마다 약간의 차이가 있는데, 길 건너 맞은편에 있는 집의 기도 소리가 가장 크다. 꽤 떨어진 거리임에도 이 정도로 크게 들린다는 것은 상당한 음량이다. 프로야구단의 응원단장감으로 손색이 없다.

이 소리를 신호로 이메일을 끝낼 시간이 되며, 이 기도가 끝날 즈음에 송신키를 누른다.

덧붙이자면 이메일은 아내에게서만 오는 것은 아니다. 안전 관리(위험 예지)에 관한 정보도 들어온다. 이 나라는 현재 UN 등의 개입으로 내전 종식을 위한 협상이 진행되고 있다. 하지만 아직 무장 해제가 이루어지지 않아 언제 또다시 반란군과 정부군의 전쟁이 시작될지 아무도 모른다. 이러한 상황이기 때문에 위험한 사태가 발생하면 이메일이나 고주파수 라디오(통신 장비), 때로는 위성 휴대전화로 연락이 오게끔 되어 있다. 전쟁이 다시 시작될 가능성이 얼마나 있는지 파악하려면 항상 안전 상황을 체크해 두어야 한다. 철수 명령이 떨어지면 곧바로 차를 이용하여 안전한 기니로 도망치도록 하고 있다. 헬리콥터를 이용하는 경우도 종종 있다. 자신의 몸은 스스로 지켜야 하는 것이다.

이메일 검색이 끝나면 드디어 병원에 갈 시간이다. 아침 6시 까지 병원에 가기로 되어 있다. 대충 아침 식사를 때워 보려고 냉장고 문을 열었다. 전날 밤에 남겨 둔 빵에 치즈를 끼워 넣어 입에 쑤셔 넣은 다음, 그것을 물로 넘겨 버린다. 맛있을 리가 없지만 먹지 않으면 몸이 배겨 내지 못하기 때문에 억지로라도 먹는다. 바빠서 점심 먹을 시간이 없는 경우가 허다하다.

내 방에는 냉장고가 있기는 하다. 전기는 거의 공급이 되지 않기 때문에 가스로 가동시키는 냉장고이다. 내 키보다도 큰, 약 2미터쯤 되는 놈이다. 위 3분의 1이 냉동고이고 아래의 3분의 2가 냉장고이다. 하지만 아래쪽의 냉장고는 완전히 고장 나 그냥 창고로 쓰고 있다. 빵이나 치즈는 그대로 창고에 넣어 두는데, 이 냉장고는 균형이 잘 맞지 않는지 문이 제대로 닫히질 않는다. 그래서 빵을 꺼내면 항상 개미들이 달라붙어 있다. 하나하나 떼어 내는 수고도 덜 겸 귀중한 단백질원이라고 생각하며 그대로 입속에 넣는다.

여기서 잠깐 전기에 대해서 언급하자. 이 곳에는 기본적으로 전기가 없다(수도 프리타운에는 낮에만 전기가 공급된다). 하지만 긴급 피난 명령을 수신하기 위한 통신용 라디오와 위성 휴대전화, 컴퓨터는 반드시 필요하다. 이런 장비들이 없으면 목숨이 몇 개라도 모자라기 때문에 이것들을 사용하기 위한 최소한의 전기를 확보해야 한다.

그래서 가솔린이나 경유로 전기를 만들어 내는 발전기를 이용한다. MSF에서는 이것을 사용하여 전기를 만들어 내고, 안전을 유지한다. 아주 시끄러운 기계라 낮에만 가동시켜 충전해 놓고 밤에는 사용하지 않는다.

오전 6시. 사무실 문을 열었다. 아침 햇살이 문 옆의 화이트보드에 반사되어 눈이 부시다. 화이트보드에는 오늘의 출발 시간과 예정 귀가 시간, 행선지, 내 이름 등을 빨간 펜으로 써 놓는다. 이것은 같은 팀의 다른 요원들에게 긴급 사태가 발생할 때를 대비하여 남기는 메시지이다.

통신용 휴대용 라디오를 들고 MSF 사무소를 나섰다.

지난밤에도 서너 명의 환자가 와 있을 터이기에, 마음 같아서는 오전 4시 반에 병원으로 달려가고 싶지만, 안전 유지 규칙에 따라 날이

밝기 전에는 외출이 금지되어 있다. 그래서 나는 매일 아침 의미도 없는 시간을 보낸다.

아직 잠이 덜 깬 경비에게 일러두고, 병원으로 가는 논두렁길을 걷기 시작한다. 적색 황토 위를 내딛는 나의 샌들은 원래 검은색이었지만, 어느새 붉은 갈색으로 변해 있었다.

아무 생각 없이 길옆에 나 있는 잡초들을 바라보며 병원으로 향하는데, 의외로 그 종류가 많이 보던 것들이다.

열대 우림 기후라고 하면 듣도 보도 못한 괴상한 식물들이 자랄 것 같지만 그런 것은 거의 없다. 발밑에는 낯익은 잡초들이 자라고 있고, 시선을 돌려 사방을 둘러보면 논과 전원 풍경이 펼쳐져 있다. 그렇다. 이 나라의 주식은 우리나라와 마찬가지로 쌀이고, 사람들은 농사를 지으며 살아간다.

살고 있는 동물들도 크게 다를 게 없다. 민가에서는 개나 고양이, 닭을 기르며 가끔씩 야생 원숭이가 나타나는 것이 고작이다. 사자나 코끼리는 이곳 서아프리카에는 살지 않는다고 한다.

진료소에 거의 다다르고 있는데, 맞은편에서 아침 해를 등지고 한 남자가 걸어왔다. 땔감을 머리 가득 이고 있었다. 나는 우선 팀보에서 배운 현지어를 사용해 보기로 했다.

"디라이 세케. 쵸피아? (안녕하세요. 건강하시죠?)"

외국인인 내가 현지어인 티무니 어로 말을 건네자, 남자는 일순 놀란 표정을 지었지만 금방 웃는 얼굴로 답했다.

"세케요. 탄투쿠드. (안녕하세요. 신께 감사드립니다)"

처음 보는 출산

"토시, 빨리 이쪽으로 와 보세요! 아기가 나오질 않아요!!"

병원에 도착하자마자 지난밤에 야근한 간호보조원이 부른다. 역시나 간밤에 응급 환자가 온 모양이다. 매일 밤 적어도 서너 명은 오기 때문에 놀랄 일도 아니다.

'마일91 진료소'는 논 한가운데에 있는 농촌 진료소이다. 이곳에서 걸어서 15분 정도 거리에 5천여 명의 국내 난민이 수용되어 있는 캠프가 있다. 이 진료소는 그들을 위해 MSF가 작년에 설치한 것이다. 긴급 프로젝트용으로 급조한 것 치고는 제법 규모가 큰 시설이다. 외래 진료실 두 개와 열여덟 개의 병상을 갖춘 입원 병동 두 개와 분만실 하나가 별도로 있어 급한 대로 환자를 수용하는 데는 충분한 시설이다. 요원 수도 간호보조원과 수위까지 합치면 20명이 넘는다.

문제는 요원들의 자질이다. 현재 이 나라에는 정규 자격을 가진 의

마일91의 전원풍경

사나 간호사가 거의 없는 형편이다.

또한 병원이 콘크리트로 만들어진 건물이라고는 하지만, 바닥이 콘크리트가 드러난 채로 있어 입원 환자들은 회색의 딱딱한 바닥에 얇은 헝겊 따위를 깔고 그 위에 누워 있는 꼴이다. 제대로 된 침대나 시트도 없다. 이러한 상황에서 나는 매일 아침 응급 환자들을 맞는다.

침대 옆에 있던 또 한 사람의 간호보조원이 청진기를 산모의 배에 갖다 대고, 태아의 심장 소리를 들어 보라고 나에게 눈짓을 한다. 청진기를 받아 들고 태아의 심장 소리를 들어 보려고 하지만… 들리질 않는다.

이런 경우 태아는 둘 중 하나이다. 이미 죽었거나 혹은 태아가사(胎兒假死) 상태로, 서둘러 밖으로 빼내지 않으면 사망할 위험성이 매우 높다. 산모의 진통은 계속되고 있고, 자궁의 출구가 열려 있는데도 태아는 전혀 나올 기미가 보이지 않는다. 이러다간 정말로 태아가 죽어 버릴지도 모른다. 긴급 사태였다.

당연한 얘기지만 이 작은 마을에는 수술할 수 있는 시설이 없다. 제왕절개로 산모의 뱃속에서 아기를 꺼낼 수가 없는 것이다. 이러한 상황에 처하면, 우리 팀은 인접한 큰 도시로 환자를 옮기도록 하고 있다. 산부인과의 경우에는 이 나라 제2의 도시, 보Bo의 산부인과 구급 병동으로, 소아과는 MSF가 후원하고 있는 모얌바Moyamba의 소아과 병동으로 옮기는 것이다. 이번 출산의 경우도 당연히 보로 옮기는 것을 염두에 두어야 한다.

그런데 좀 전의 간호보조원이 나에게 말을 걸어왔다.

"토시, 새로 온 어린 환자가 있는데…."

내가 물었다.

"그래? 상태가 어떤데?"

"아주 안 좋아요."

그 말에 나는 입원 병동으로 달려갔다. 입원 병동의 바닥에는 열 명 이상의 환자가 누워 있었는데, 그중 한 사람 앞에 간호보조원이 멈춰 섰다.

"이 아이예요."

살펴보니, 아직 생후 몇 개월이 채 안 된 아이다.

마치 자는 듯이 눈이 반쯤 감긴 채 의식이 가물가물한 것 같았다. 팔다리는 앙상하고 배는 비정상적으로 튀어나와 있었다. 전형적인 영양실조였다.

나는 문진을 시작했다. 팀보에게 배운 티무니 어로 아이의 어머니에게 물었다.

"디 라이, 세케. (안녕하세요)"

"투 페라 부타? (오늘 아침은 어때요?)"

"탄투쿠드. (좋아요. 신께 감사드립니다)"

이것은 이 나라의 일반적인 인사말이다. 아이의 어머니는 외국인인 나를 경계하는 듯했지만, 내가 서툴지만 현지어로 말을 걸었기 때문인지 조금은 편안해진 것 같았다.

이렇게 환자에게 말을 걸 때에는 나도 환자와 같이 바닥에 앉아 환자보다 시선이 조금 낮아지도록 신경을 쓴다. 선 채로 위에서 이것저것 질문을 해 대면 아무래도 고압적으로 되기 쉽다.

"쵸피아 오왕타? (아기 상태는 어때요?)"

"오바키. (안 좋아요)"

"응게 스가와? (아기 이름이 뭐죠?)"

"모하메드 콘티. (모하메드 콘티예요)"

시에라리온의 13개 주와 주도(州都)

"무로 타린 타문? (몇 살이죠?)"

"바사스. (3개월이에요.)"

"데케마 우라? 다 코모에? (어디에서 왔죠? 출신지는 어디죠?)"

"두 마그부라카 (마그부라카예요.)"

이름과 나이, 주소를 물어보는 것은 진료 기록 카드를 만들기 위해 반드시 필요하며, 그것이 응급 상황이든 아니든 변함이 없다.

여기서는 출신지를 알아 두는 것이 아주 중요하다. 출신지를 파악해 두면 진단에 아주 요긴하게 쓰이는 경우가 많기 때문이다.

예를 들면, 남동부의 다이아몬드 광산 근방에서는 만손주혈흡충(간경변을 일으키는 기생충)이 흔하고, 북동부에는 라사열이라는 최악의 바이러스가 들쥐에 의해 매개된다.

"오 휘? 오 츠앙쿠? (몸이 어떠세요? 열은 있어요?)"

"웅쿠. (있어요.)"

"오 소오리? (가래는 있어요?)"

"웅쿠. (있어요.)"

"보무스 칵칵? (설사는요?)"

"아 아. (아뇨, 없어요.)"

"오 간티시? (구토는?)"

"아 아. (없어요.)"

"오 코르코 오반? (배는 아파하는 것 같아요?)"

"아 아. (그런 것 같지는 않아요.)"

"오 마사 휘노? 디에 휘노? (젖은 빨아요? 음식은요?)"

"아 아. (아뇨, 아뇨.)"

이 곳에서 가장 중요한, 그리고 흔히 볼 수 있는 질환은 세 가지이다. 말라리아, 폐렴, 설사가 그것이다. 따라서 우선 이러한 병들을 진단 감별할 수 있도록 문진한다. 이 아이의 경우, 열과 가래가 있기 때문에 먼저 폐렴을 의심한다. 이를 상정하고 진찰을 시작한다.

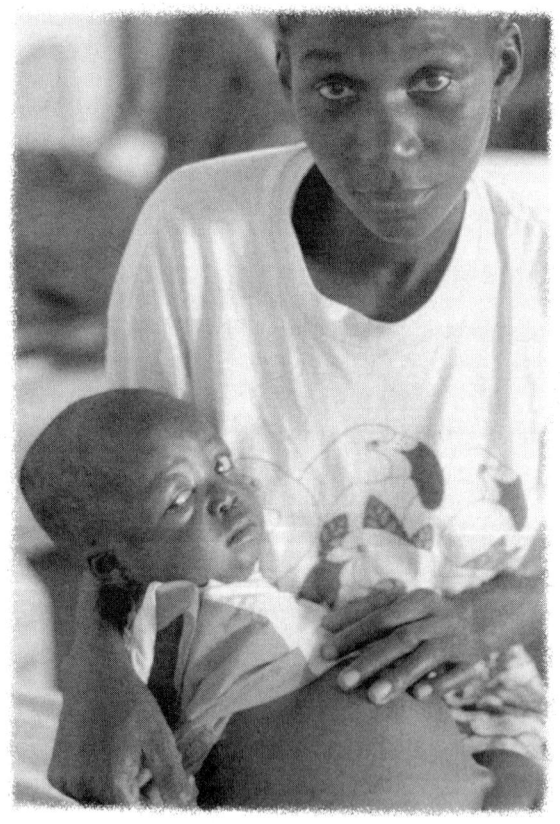

단백질 결핍 영양실조로 인한 전신 부종. 어쩌면 기생충에 의한 간장 장애나 간 경변일지도…

전신을 살펴보니 손발이 뼈와 살갗만 남아 앙상하고, 배만 빵빵하게 불러 있다. 이것은 단백질이 부족한 영양실조 어린이의 전형적인 모습으로, 이 아이가 극도의 영양 결핍 상태에 있다는 것을 알 수 있다. 원래는 몸무게와 키를 재어 표준의 몇 퍼센트인가 등을 계산해야 하지만, 그것은 나중에 하기로 하고 우선은 증상이 얼마나 심한지를 진단했다. 눈 아래 눈꺼풀을 까보니 안쪽이 새하얗다. 이것은 중증 빈혈 증상이다. 호흡이 아주 빠르고 호흡 곤란 증상도 보인다. 산소가 부족한 것이다. 몸을 덮고 있는 더러운 거적을 치우고 심장 소리를 들어 본다.

'쉭- 쉭-' 하는 소리가 들린다. 폐렴 또는 기관지염이다.

이상을 정리하면 영양실조로 인한 빈혈과 설상가상으로 폐렴까지 걸려 호흡 곤란으로 사망에 이를 수 있다는 결론을 얻는다. 이런 상태라면 신속히 수혈을 하고 항생 물질을 투여하지 않으면 하루도 못 가 죽음에 이른다. 어쩌면 몇 시간 남지 않은 생명일지도 모른다.

이상과 같이, 이 소아 환자도 상당히 긴급한 상태이다. 하지만 안타깝게도 이 진료소에는 수혈에 필요한 기구가 없다. 소아과 병동이 있는 모얌바까지 데리고 가 수혈을 해야 하는 것이다.

나는 산모에게 아기의 몸을 보여 줘서 고맙다는 인사를 하고 상황을 설명했다.

"모모. (진찰을 맡겨 주셔서 고맙습니다)"

"모모 요. (저야말로 고맙습니다)"

"무노 이 코네 두 모얌바. (아무래도 모얌바로 가야 할 것 같습니다)"

현재 시간이 오전 7시. 오늘은 지금부터 임산부를 데리고 보에 갔다가, 다시 아이를 데리고 모얌바에 가야 한다. 사용할 수 있는 자동차는 한 대밖에 없다. 보는 왕복 6시간. 모얌바도 그 정도 시간이 걸린다. 총 12시간이 걸리므로 지금 출발해도 돌아올 수 있는 시간은 오후 7시라는 계산이 나온다.

그런데 MSF의 규정상, 안전을 위해 저녁 6시까지는 자기가 파견된 마을로 돌아오도록 되어 있다. 한밤중에 어둠 속을 이동하면 반군에게 습격 받을 가능성이 크기 때문이다. 하지만 최근에는 MSF 안전관리 기준이 다소 완화되어 1시간 정도의 지각은 허용하고 있다.

그렇다면 해 볼 수밖에 없다. 나는 요원들에게 연락을 취하기 시작했다. 무슨 일을 하든지 우선은 자신들의 안전을 확보해야 한다. 안전관리에 관한 우리 팀의 책임자인 기획 운영 담당자 조셉에게 이동해도 좋은지를 확인 받아야 한다. 휴대용 라디오를 사용하여 사무실에 연락한다. 조셉이 깨어 있기만을 빌었다.

"토시가 조셉에게. 긴급 환자가 있다. 지금부터 마일91을 벗어나 보에 가도 괜찮은가?"

실제 라디오 대화는 전부 암호를 사용한다. 나도 조셉도 지명들도 모두 암호로 되어 있어 제3자가 라디오를 도청해도 누가 어디에 가는지 모른다. 이것은 반군이 고가의 약을 노리고 습격하는 것을 방지하기 위함이다. 당연히 돈과 같은 단어도 암호화되어 있어 무슨 말을 하는지 전혀 모르도록 주의를 기울인다.

어쨌든 항상 팀의 안전을 최우선으로 하며, 이것은 환자를 구하는 것보다도 중시된다. 내가 한 사람의 환자를 돕겠다는 영웅심에서 제멋대로 굴다가 위험한 상황에 빠지면, 나를 구하기 위해 시에라리온에 있는 MSF 요원 50명 전원이 동원되어, 최악의 경우 이들 모두의 생명까지 위험할 수 있기 때문이다.

다시 원래 얘기로 돌아가자.

라디오로 호출을 하자 조셉이 응답을 했다.

"토시, 무슨 일이죠? 긴급 환자입니까? 산부인과예요? 아니면 소아과예요?"

"조셉, 둘 다야. 보하고 모얌바로 가야 해. 지금 출발하지 않으면 저녁 7시까지 돌아올 수가 없어."

"알았습니다. 지금 바로 출발하세요. 보에는 내가 연락해 놓을 테니."

조셉은 33살의 캐나다 인 남자다. MSF의 프로젝트를 위해 이미 아프가니스탄을 비롯한 여러 나라에서 경험을 쌓은 바 있으며, 게다가 다른 모든 프로젝터들의 평가도 아주 좋은, 젊지만 베테랑인 기획 운영 담당자이다.

출발하기 전에 또 한 가지 빼놓을 수 없는 일이 있다. 수혈이 필요한 환자를 위해 도너(헌혈을 해 줄 사람)를 확보하는 것이다. 빈혈에 폐렴까지 걸린 어린아이는 물론이고, 제왕절개를 해야 할 산모도 수술 중의 출혈을 감안하여 도너가 필요하다.

이곳에는 자신의 혈액형을 알고 있는 사람이 별로 없기 때문에 가족들 중에서 무작위로 뽑아 최소한 2명을 데려가게 되어 있다.

그런데 대부분의 가족들은 워낙 못 먹은 탓에 영양실조와 빈혈기를 보이기 때문에 도너로 적합하지 않은 경우가 허다하다. 그래서 가족이 아닌 건강한 남자들에게 부탁하게 되는데, 이들도 자신에게 딱히 득이 될 게 없는 일이라 좀처럼 승낙하지 않는다. 오늘도 가족들에게 대충 들어 보니, 도저히 헌혈을 해줄 만한 사람이 없다.

난감하다. 시간만 무의미하게 흐른다. 생각해 보면 지난주에도 도너를 찾지 못했다. 기다림에 지친 나는 직접 헌혈에 나서 400cc의 혈액을 뽑았다. 그날도 아침은 물론 점심도 제대로 먹지 못한데다가 무더위로 탈수 조짐마저 있는 상태에서 헌혈을 했기 때문에 의식이 약간 흐려져 쓰러질 것 같았다. 역시 사명감만으로는 안 되는 것이 있다.

의학적으로 볼 때, 한 번에 400cc의 헌혈을 하면 적어도 6주일간의 휴식 기간을 두고 다음 헌혈을 해야 한다. 지난주에 헌혈을 한 나로서는 오늘은 좀 무리이다. 거의 포기하고 있을 때 머릿속에 반짝하는 것이 있었다.

"그래 맞아!"

나는 진통을 계속하고 있는 산모를 차에 태우고 운전수에게 알렸다.

"MSF 사무실로 가지"

사무실로 가는 도중 논길에서 간호사 메리를 만났다. 메리는 46살의 미국 여성으로 바닷가에 누워서 일광욕하는 것을 아주 좋아한다. 또 세계 이곳저곳을 방랑하는 역마직성이 들린 탓인지, 얼굴이 자외선으로 쪼글쪼글해져 주름투성이다. 이 때문인지 나이보다도 훨씬 늙어 보인다. 내가 보기에는 60살 정도는 되어 보이는 인상이다. 더구나 메리는 얼굴뿐만이 아니라 목소리도 왠지 쉰 듯하다.

"토시, 또 응급 환자야?"

"그래. 시간이 없어. 아주 급한 환자야."

"보에 가는 거야? 나도 같이 가. 그런데 왜 이곳으로 오는 거야?"

"헌혈할 사람을 찾으러"

"누구…?"

나는 메리를 보며 히죽 웃었다.

사무실에 도착해 나는 의자에서 낮잠, 아니 아침잠을 자고 있는 청년에게 말을 건다.

"팀보! 오늘 컨디션 괜찮아?"

"응 아주 좋아"

"오늘 영웅이 되고 싶지 않아?"

"뭐?"

"사람들의 생명을 구하는 실버스타 스탤론 같이 멋진 사람 말이야."

"되고 싶어"

"그럼 가자"

이상, 간단하다. 실버스타 스탤론이나 아놀드 슈왈츠제네거는 이곳 아프리카에서 대단한 인기다. 항상 아이들처럼 쾌활한 팀보를 낚아채 재빨리 자동차에 태웠다. 형식적으로 팀보의 아래 눈꺼풀을 들춰 보니 새빨갛다. 피는 충분할 것 같았다. 어찌되었거나 오늘은 시간이 없다. 서둘러야 한다. 보와 모암바를 12시간 안에 갔다 와야 한다.

마일91에 온 이후, 매일 이렇게 아침부터 밤까지 환자들을 옮기는 일이 많다. 환자를 옮기는 일은 상당히 재미없는 일이다. 특별히 내가 의사일 필요가 없기 때문이다. 기본적으로 자동차에 타고 있기만 할 뿐, 옮기는 과정에서는 아무것도 할 일이 없다. 설사 무슨 일이 일어난다 해도 쓸 만한 약이 없기 때문에 손을 쓸 수도 없지만…. 죽을 환자는 죽고 살 환자는 살아남는 식이다.

역시 MSF가 사용하는 랜드 크루저는 이곳 시에라리온과 같이 울퉁불퉁한 길이 많은 땅에서는 발군의 성능을 발휘한다. 운전수와 조수석 외에 뒷좌석에는 정원 8명이 탈 수 있도록 되어 있다. 환자를 옮길 때에는 뒷좌석의 시트를 반쯤 접은 다음, 바닥에 시트를 깔고 그곳에 환자를 눕힌다.

그렇게 30분 정도를 가고 있었을까, 엄청난 일이 벌어지고 말았다.

"아~악"

산모가 또다시 비명을 지르기 시작한 것이다. 자궁 출구가 열려 있

환자를 수송하는 자동차

는데도, 아래쪽으로 내려올 기미조차도 보이지 않던 태아가 돌연 움직이기 시작한 것이다. 산모의 절규가 차내에 메아리쳤다. 격렬한 진통과 함께 출산이 시작되었다.

"아~아아악"

산모의 하반신을 덮은 덮개를 들춰 보고 나는 깜짝 놀랐다. 태아의 팔 하나가 벌써 밖으로 나와 있었다. 그러나 출산은 거기서 멈춘 모양이었다.

산모의 비명은 더욱더 커져 갔고, 진통이 극심할 것이라는 것이 느껴졌다. 그렇지만 태아는 나오질 않는다. 이 상태로는 태아가 100퍼센트 사망한다. 호흡을 할 수 없기 때문이다. 할 수 없이 나는 태아의 팔을 움켜쥐고 힘껏 끌어당겼다.

미리 알려 두지만, 나는 내과, 소아과 의사로 산부인과에 대한 지식은 거의 없다. 전과를 순환했던 수련의 시절 산부인과에 한 달 동안 있었던 경험뿐이다. 그러나 그런 어렴풋한 지식은 이런 긴급 사태에서 도움이 되지 않는다.

나는 산모의 진통에 맞춰 가며 힘껏 태아를 잡아당겼다.

"끙"

"끙 으아악!"

나왔다! 하는 순간, 태아와 함께 대량의 피가 자궁에서 쏟아져 나왔다. 수도꼭지를 한껏 틀어 놓은 듯한 출혈이다. 반사적으로 환자의 옷과 함께 내 양손으로 질 입구를 막았다. 뭐가 뭔지 모르지만 일단은 피를 멈추게 해야 했다. 그러나 출혈은 전혀 멈추질 않았다. 이대로는 30초 이내에 출혈사해 버린다.

할 수 없다. 나는 피투성이인 환자의 옷을 걷어치우고, 흘러넘치는 피의 분류 속에 주먹을 쥔 채 팔을 질 속에 집어넣었다. 일단 출혈이 멈출 때까지 오른팔을 깊숙이 밀어 넣었다. 팔꿈치 언저리까지 넣어서야 겨우 출혈이 멈추었다.

대량의 출혈에도 불구하고 산모는 아직 거친 숨을 내쉬며 살아 있다. 메리를 보니 내가 잡아 꺼낸 아기를 들고 어떻게든 숨을 쉬게 하려고 애를 쓰고 있다. 스트로로 입 안의 액체를 빨아내고, 등을 문지르며 스스로 숨을 쉬도록 재촉하지만, 아무래도 아기는 가망이 없는 듯하다. 산도에 걸려 무호흡으로 있던 시간이 너무 길었기 때문이다. 이러한 상황에 나는 여러 가지 생각을 했다.

긴박한 상황에서 가장 중요한 것은 일의 우선순위를 정하는 것이다. 지금 무엇을 먼저 해야 하는지를 냉정하게 판단하는 것이다. 이 나라와 같이 아이를 많이 출산하는 경향이 있는 경우, 출산에서 가장 우선시되는 것은 모체의 존중이다. 아기를 구하는 것보다 산모를 구하는 것이 우선한다. 이것은 전부터 메리와 의논하여 미리 정해 놓고 있었다. 지금 내가 산모를 내버려 두고 아기의 소생에 힘을 쏟으면 아기가 살아날 수 있을지도 모른다. 그렇지만 산모는 죽어 버릴 것이다.

나는 산모 쪽의 생명을 택했다.

또 한편으로 나는 무서운 사태와도 직면해 있었다.

이 나라의 상당수 사람들은 에이즈 양성이다. 에이즈 예비군인 것이다. 지금 내가 질 속에 손을 넣은 이 여성도 에이즈 양성일 가능성이 상당히 있는 것이다. 아침부터 안달하며 서둘렀던 나는 의료용 장갑을 차에 싣는 것을 잊어버린 탓에 맨손을 선혈이 낭자한 질 속에 넣었다. 사실, 팔꿈치까지 넣었기 때문에 의료용 장갑을 낀다 해도 무용지물이라고 생각되지만….

또 지난밤 손가락의 손거스러미가 신경이 쓰여 잡아 뜯어냈다. 당연히 치료 따위는 하지 않았기 때문에 손에는 상처가 있었다. 게다가 보에 도착하려면 앞으로 2시간가량을 산모의 질 속에 손을 넣은 채로 가야 한다. 이상의 상황들을 종합하면 내가 에이즈에 감염될 가능성은 상당히 높았다.

이 모든 것이 나의 불운이라고 생각하자 문득 자조적인 웃음이 흘러 나왔다. 초등학교 시절부터 꿈꾸어 온 국제자원봉사의 일을 하는 이상 목숨을 걸 각오는 되어 있었다. 하지만 시작한 지 겨우 보름 만에 에이즈에 감염된다는 것은 아무래도….(훌쩍)

내 옆에서는 메리가 아직도 아기의 소생을 위해 안간힘을 쓰고 있다. 팀보는 양손을 모으고 무언가를 간절히 빌고 있다.

나는 운전수에게 말했다.

"정말 긴급 사태네. 가능한 한 빨리 서둘러 주게."

두 시간 후, 우리는 보에 도착했다. 산모는 아직 살아 있었고 아기는 이미 죽어 있었다. 산모의 질에서 오른손을 빼내었을 때, 산모의 출혈은 거의 멈춰 있었고 내 손은 완전히 마비되어 있었다. 나는 감각이 없는 오른손을 움켜쥐고 잠깐 동안 멍청하게 서 있었다.

그때 메리가 말을 걸어왔다.

"토시. 이곳 의사에게 부탁해 놓았어. 아까 그 산모의 에이즈 검사를 해 봐서 만약에 양성이라면… 아마 강제 국외 철수가 결정되어, 네덜란드 암스테르담에서 예방 치료를 받게 될 거야"

알고 있다. 그렇게 되는 것은 알고 있었다.

기본적으로 에이즈라는 바이러스는 아주 약한 병원체로, 환자의 피가 묻은 주사 바늘을 실수로 자신에게 주사해도 전염될 확률은 0.3퍼센트 정도로 아주 낮다고 알려져 있다. 그렇지만 나의 경우, 상처가 난 손으로 2시간 이상을 접촉했다. 이런 어처구니없는 이야기는 10년이 넘는 의사 생활 동안 들어본 적이 없다.

내가 소속되어 있는 MSF 네덜란드 지부와 같이 요원의 생명과 안전을 최우선시하는 조직에서 에이즈 양성일 경우, 나를 국외로 철수시켜 암스테르담의 대학병원에서 예방적 치료를 받게 하는 것은 당연하다고 생각되었다.

나는 산모의 에이즈 검사 결과를 기다렸다.

의사 국가시험 당락을 발표하는 날보다도 길고 답답한 중압감이 느껴졌다. 아프리카에 온 지 겨우 보름, 내 나름대로의 꿈을 품고 왔는데 아무것도 이루지 못하고 돌아가는 것은 아닐까….

그러고 있는 나에게 팀보가 옆으로 다가왔다.

"나 지금 피를 뽑고 왔어.

환자에게 주려고 말이야.

이로써 난 수퍼 히어로가 된 거야.

하하하. 멋진걸.

이봐 토시, 뭘 그렇게 생각하고 있는 거야?

뭔지는 모르지만 다 괜찮을 거야.

내가 기도해 줄 테니까.
알라여, 알라여, 감사합니다.
그러니깐 괜찮아, 괜찮다니깐."

이 친구 덜렁대는 것을 보고 있으면, 이 세상 모든 것이 작고 하찮은 게 아닌가 하는 생각이 든다. 그때 뒤에서 메리의 목소리가 들렸다.
"토시. 음성이래! 아까 그 산모 에이즈 음성이래. 정말 운이 좋았어."
온몸에서 힘이 빠져 나간다.
막혀 있던 모든 것이 한꺼번에 방출되고 마음이 가벼워졌다. 나는 청명한 푸른 하늘을 올려다보며 마음속으로 되뇌었다.
"감사합니다, 하느님. 고마워 수퍼 히어로"

툼보

BB로션

아침, 눈을 뜨니 나는 '옴'에 걸려 있었다. 다리를 중심으로 몸 전체가 근질근질 가려웠다. 올록볼록한 발진이 몸 여기저기에 나 있었다.

여러분은 발진을 아시는지? 인간의 피부에 기생하는 작은 곤충으로, 일명 '옴'이라고도 한다. 보통은 손가락 사이나 겨드랑이, 하복부와 같이 부드러운 피부에 생긴다.

요전에 보에 갈 때, 자동차 안에서 두 시간을 줄곧 산모와 밀착해 있었던 탓에 그녀의 옷에서 옮은 듯 했다. 그렇지만 확실한 감염 경로는 알 수 없다. 나는 매일 많은 피부병 환자들과의 피부 접촉이 있고, 접촉한 후에 곧 바로 손을 씻을 수 있는 상황이 아니기 때문에 어느 정도는 어쩔 도리가 없다. 상수도도 없고 우물물도 충분하지가 않다.

그런데 문제는, 이곳에는 옴 치료법이 별로 없다는 것이다. 손에 넣을 수 있는 것은 벤질 벤조이드(일명 BB)라는 하얀 로션뿐인데, 이게 그다지 듣지를 않는다. 환자들에게도 발라 주지만, 한 달을 매일같이 발라도 효과가 있을까 말까 하는 정도이다.

그런데 이 BB로션은, 일단 바르면 12시간 이상을 바른 채로 있지 않으면 효과가 없다고 책에 쓰여 있다. 이 때문에 나는 생활 패턴을 조금 바꿔, 아침 샤워를 하고 난 후에 이 하얀 로션을 바르기로 했다.

말하자면 지금까지의 아침 일과는,

"꾸르륵, 꾸르륵." (아침 설사)

"쾅." (팀보가 문을 차는 소리)

"오~호 호게야." (근처의 아침 기도 소리)

로 종료되었지만, 하나가 더해져

"쏴—." (샤워하는 소리)

"팔랑팔랑." (부채로 로션을 말리는 소리)

이 추가되었다.

여기서 잠깐 샤워에 대해 설명한다. 상수도가 없는 이 나라에는 당연히 샤워도 없다. 그러면 어떻게 샤워를 하는가 하면, 우선 우물에서 물을 길어 와 그것을 200리터 정도의 탱크에 담아 마당 귀퉁이에 놓는다. 그리고 물탱크 주위를 높이 2미터 정도의 비닐 시트로 사방을 둘러친다. 그런 다음 발가벗고 500밀리리터 정도가 들어가는 바가지로 탱크의 물을 떠 몇 번이고 몸에 뿌린다. 이런 식이다.

그러던 어느 날 비극이 찾아왔다.

BB로션을 매일같이 발랐는데도 옴은 하루가 다르게 악화되어 갔다. 처음에는 양 다리뿐이었지만 지금은 하복부와 가슴에까지 퍼져 있었다.

이런 상황에 나는 완전히 질려 버렸
다. 보름 만에 이 정도이니 앞으로 6개월
이 지날 즈음에는 온몸이 온통 피부병으
로 덮여 버릴 것이다. 나는 순수한 공포
를 느꼈다. 이상하다고 생각할지 모르지
만, 총격전에 휘말려 단방에 죽어 버리는
것은 두렵지 않은데, 조금씩 피부가 좀먹
고 하루하루를 가려움에 괴로워하며 보
내는 것은 도저히 참을 수 있을 것 같지
가 않았다.

바가지로 퍼서 뒤집어쓰는 샤워

나는 온몸 구석구석까지 BB로션을 바르기로 했다. 다만, 남자의 물건에는 닿지 않도록 신경을 썼다. 왜 그런지 좋지 않은 예감이 들었기 때문이다.

로션이 완전히 마를 때까지는 발가벗고 꼼짝하지 않고 서 있기로 했다. 상상해 보라. 꽤 이상한 광경이다. 해 뜨기 전 새벽녘에 까까머리 남자가 온몸을 새하얗게 바르고 물건을 드러내 놓은 채 마당에 우뚝 서 있는 것이다. 일본에서라면 이웃들에게 이상한 놈이라고 따돌림을 당할 만하다. 아니, 그 정도로 끝날 것 같지 않다.

BB로션이 마를 때까지 약 30분. 그 시간이 상당히 지루하므로 일본에서 가져온 편집CD를 듣기로 했다. 앨범 판매순위 베스트 16곡이 들어 있는 CD를 부지런하게도 출국하기 전에 만들어 온 것이다.

판매순이기 때문에 첫 번째 곡은 사잔올스타즈의 명곡 '츠나미'이다. 다음으로 우타다 히카루와 SMAP의 뒤를 이어, 모닝구무스메의

'사랑의 댄스 사이트'가 등장한다.

이 곡은 내가 아주 좋아하는 곡으로, 여가수의 노래이지만 완벽하게 외운다. 특히, 간주 중에 흐르는

"우 아! 우 아! 라리라리라~ 라리라리라~"

하는 부분을 아주 좋아해 반드시 노래와 함께 춤도 같이 춘다.

"우 아!" 하는 노래와 함께, 맨주먹을 앞으로 쭉 내지르는 액션을 취하는 것이 경쾌한데, 이것이 잘못되었다.

기압을 넣으며 주먹을 앞으로 내지른 순간 나의 물건도 옆으로 심하게 흔들려 버린 것이다.

"앗!"

하고 느꼈을 때에는 이미 늦었다. 나의 물건이 이미 허벅지에 바른 하얀 로션에 닿은 뒤였다. 그리고는 곧바로 몸에서 격렬한 '열기'가 솟구쳤다.

"으악!"

열기가 올랐다. 열기라고 할까. 개에 물린 것 같은 느낌이었다. 그곳이!

빠질 것 같다. 아니 잘라 주었으면!!

"아악! 우욱!"

나는 뭔 말인지도 모를 말을 중얼거리며 뛰쳐나갔다. 목적지 따위는 없었다. 마당을 뱅글뱅글 돌 뿐이었다. 뭐든지 하지 않으면 미쳐 버릴 지경이었다. 이대로는 그곳을 내 스스로 잘라 버릴 것 같은 느낌이었다.

그 사이에, 겨우 냉정을 되찾고 샤워 룸으로 다시 뛰어 들어왔다. 물

로 씻어 내면 될지도 모른다고 생각한 것이다.

앞뒤 가릴 것 없이 그곳에 물을 퍼부었다. 아무도 없는 이른 아침, 나는 혼자 고독하게 자신의 물건에 계속해서 물을 뿌려 댔다. 하지만 아무리 씻어 내도 지용성인 BB로션은 좀처럼 씻겨지지가 않았다. 소용없는 일이라는 것을 알면서도 뾰족한 방법이 생각나지 않았던 나는 계속해서 물을 퍼 날랐다.

문득 위를 올려다보니, 별들이 나를 내려다보고 있었다. 눈물 고인 눈에서는 은하수가 하늘하늘 흔들거렸다. 나는 하늘을 향해 투덜거렸다.

"하느님. 앞으로 반년 동안 또 어떤 일들이 기다리고 있는 것입니까?"

2

정처 없는 마음

국경없는의사회

내가 생활하고 있는 곳은 시에라리온의 거의 중앙에 위치한 '마일91'이라는 마을이다. 옛날 영국령이었을 당시, 수도 프리타운(Freetown)에서 거리가 91마일이었기에 붙여진 이름이라고 한다.

이 나라는, 약 10년 전부터 벌어진 내전으로, 많은 사람들이 살던 고향을 떠나 국외로 피난을 가거나, 국내에서도 비교적 전화가 미치지 않는 곳을 정처 없이 떠돌고 있다.

국제자원봉사의 전문 용어로 말하면, 국외로 탈출한 사람들을 '난민(Refugee)', 국내에서 이곳저곳을 떠도는 사람들을 '국내 난민(Internally Displaced People : IDP)'이라고 한다.

이곳 마일91 부근은 국내에서 비교적 안전한 장소이기 때문에 국내 난민 수천 명이 임시로 정착해 살고 있다. 이에 UN과 다른 봉사 단체들이 난민들이 살아갈 임시 주택이나 우물을 만들고, MSF는 임시 진료소를 세운 것이다. 내가 일하고 있는 곳이 바로 그 진료소이다.

내가 담당하는 일은 진료소에의 약품 공급과 소비량 확인, 외래 환자 수와 빈도가 높은 질병조사, 그리고 중증 환자를 큰 병원으로 옮기는 일 등이다. 이곳에 와서 한 달간은 이런 일들을 해 왔다. 하지만 이 일들을 계속하기 위해서 내가 이곳으로 파견된 것은 아니다. 수도 프리타운에 있는 시에라리온 MSF 책임자 레이첼(34살, 여성, 미국인, 의료 종사자는 아니지만 프로젝트의 최고 책임자)은 한 달 전 다음과 같은 사업 계획을 나에게 털어놓았다.

"시에라리온에 있는 13개 주(州) 중에서 지리적으로 가운데에 위치해 있는 톤코리리 주에 종합적인 의료 시스템을 구축해 주었으면 해요. 그러니까, 주도(州都)인 마그부라카(Magburaka)에 입원실을 갖춘 큰 병원을 만들고, 그 주변에 다섯 개의 진료소를 만드는 거죠. 진료소는 간호사인 메리가 돌고, 중환자가 있으면 당신이 있는 큰 병원으로 옮기는 거죠. 어때요? 훌륭한 계획이지 않아요?"

나는 이 제안을 승낙했다.

시에라리온은 장기화된 내전으로 거의 모든 병원 시설이 파괴되고, 의사도 간호사도 대부분 국외로 도망가 버렸다. 이렇게 붕괴된 의료 시스템을 복구하기 위해서는 레이첼의 말처럼 새로이 처음부터 종합적인 시스템을 만들어야 한다.

현재 내가 있는 마일91 진료소는 톤코리리 주의 일각에 있으며, 주도 마그부라카에 큰 병원을 만든 후에는 지방을 위한 다섯 군데 진료소 중의 하나가 될 예정이다.

국내 난민

　참고로 시에라리온의 인구는 약 450만 명인데, 이곳 톤코리리 주에는 35만 명 정도가 살고 있다. 35만 명을 우리 팀 몇 명이서 담당하고 있으니 상당히 힘든 일이다.(실제로는 UN이나 다른 봉사 단체들도 들어와 있다)
　또한 다른 13개 주에도 MSF 요원이 5명 정도씩 배치되어, 전체로는 약 50명이 활동하고 있다. 이 인원은 MSF로서는 가장 큰 규모의 인원 투입이며, 예산도 상당액이 배정되어 있다.
　통상적으로 하나의 MSF 팀은 책임자인 기획 운영 담당자 한 명, 의사 한 명, 간호사가 한 명 내지 두 명, 물자 조달 및 운반 담당자 한 명으로 구성된다. 하지만 프로젝트의 내용에 따라서는 구성원도 달라진다. 어쨌든 이 나라에는 13개 주가 있기 때문에, 예외는 있지만 약 13개 팀이 이러한 구성으로 활동하고 있다고 보면 된다.

MSF의 요원은 의사만 있는 것은 아니다. 5분의 1이 의사, 5분의 2가 간호사, 나머지 5분의 2가 의료 관계자가 아닌 행정 요원이다. 때문에 다양한 부류의 사람들이 참가하여, 총체적으로 가난한 사람들에게 의료 서비스를 제공하는 시스템을 만들고 있다.

그리고 MSF의 요원은 외국인만 있는 것이 아니라 현지인들도 고용된다. 시에라리온의 경우, 외국인 다섯 명이 있는 한 팀에 약 20여 명의 현지인이 정식으로 고용된다.

그 내용을 보면, 수위와 야간 순찰원이 5~7명, 운전수가 4~5명, 화물 운반 보조가 2~3명, 무선 연락 담당이 1명, 요리사 1명, 청소 및 세탁 담당이 2명, 현지 의사나 간호사가 2~5명 정도 등이다.

이러한 정규 요원 외에도 큰 병원 등을 통째로 후원하는 경우에는, 그 병원에 있는 의사와 간호사, 간호보조원 등 거의 전원에게 '장려금' 형식으로 소액의 급료를 지급하기도 한다. 원래 시에라리온 보건성에서 급여를 받던 공립 병원의 직원이 내전으로 급여가 중지된 경우 등에 이러한 조치를 취한다. 이 장려금 지급 대상자는 상당수이며 적은 경우 20~30명, 많을 경우에는 100명 이상에 이르기도 한다.

이상과 같은 요원의 수는 시에라리온 전체의 약 13분의 1에 해당한다. 즉 톤코리리 주(우리 팀의 프로젝트)만의 요원 숫자이다.

전체적인 MSF 운영에 대해서도 잠깐 소개하겠다.

수도 프리타운에는 시에라리온에 있는 모든 팀의 운영을 통괄하는 운영 팀이 있다. 그 멤버는 레이첼이 담당하고 있는 시에라리온 전체 기획 책임자, 의료 기획 책임자, 물자 조달 운반 책임자, 재무 책임자 이상 네 명이다. 이들이 사실상 시에라리온에서의 MSF 운영을 총괄

한다.

시에라리온을 벗어나면 유럽에는 MSF의 본부가 있다.

한마디로 MSF라고 부르지만, 각각 독립된 5개의 단체로 구성되어 있으며, 재원과 운영되는 프로젝트(현지 파견 및 의료 활동)도 독자적으로 기획한다.

이 5개의 단체는 MSF 프랑스, MSF 네덜란드, MSF 벨기에, MSF 스위스, MSF 스페인으로 조금씩 다른 운영 이념 아래 활동하고 있다.

이에 반해 MSF 일본은 역사적으로 MSF 프랑스에 의해 만들어졌기 때문에 MSF 프랑스와 연관이 깊다.

MSF 일본은 독자적으로 프로젝트를 기획, 운영할 수 있는 능력을 갖추지 못하여, 얼마간의 자금과 연간 10여명 정도의 요원(의사, 간호사, 기타)을 유럽의 MSF 사무소에 제공하는 역할을 담당하고 있다. 유럽 등지에서 세계 80여 개국에 파견하고 있는 인원이, 연간 수천 명에 달하는 것에 비해 일본에서 파견하는 요원은 아직 그 수가 미미하다.

다음으로, MSF 조직의 운영 이념을 구체적으로 설명한다.

MSF의 근본이념은 주로 다음 네 가지이다.

- 국가, 정치 이념, 종교, 인종, 민족, 성별 등에 관계없는 평등한 원조를 제공한다.
- 정치적인 중립을 지켜, 특정 국가의 정부나 반군의 편에 개입하지 않는다.
- 의료 서비스만을 제공한다.

* 가난하고 약한 사람들 곁에서 그 비참한 상황을 목격하고, 이를 국제 사회에 호소한다.

좀더 자세히 살펴보자.
* 국가, 정치 이념, 종교, 인종, 민족, 성별 등에 관계없이 평등하게 원조를 제공한다는 것은, 국제자원봉사을 수행하는 데 있어서 가장 중요한 것이다.

  상대편이 어떠한 정치 이념과 종교를 가지고 있는가에 관계없이 평등한 원조를 수행하는 것은 인도주의의 기본이며, MSF뿐만이 아니라 거의 모든 NGO(비정부기구)가 표방하고 있는 사항이다. 당연한 이야기이지만 MSF는 일체의 정치, 종교 단체와 전혀 관련이 없다.

* 정치적으로 중립을 지킨다는 것은, NGO이기 때문에 가능한 것이다.

  예를 들어 어느 국가에서 내전이 발생했을 경우, 정부군이 옳은지 반군(혁명군)이 옳은지 구분이 가지 않을 때가 있다. 이러한 경우 그 나라의 정부와 일본 정부가 교류가 있을 경우, 일본 정부와 관계가 있는 국제 원조 단체는(물론 예외가 있기는 하지만) 원칙적으로 정부 측 영역(지배 지역)에서만 활동할 수밖에 없다. 하지만 정부와 관련이 없는 NGO라면 반군 지배지역의 가난한 사람들(군인이 아닌 사람)에게도 원조 활동을 할 수 있다. 정치에 얽매이지 않고 지구상의 모든 국가, 모든 영역에서 활동할 수 있는 것이다. 현재 MSF는 80여 개국에서 활동하고 있다.

* 의료 서비스만을 제공한다는 것은, MSF만의 가장 큰 특징이다. MSF는 범세계적인 NGO 단체로서 보통 이 정도 규모라면 농업 기술의 지원, 경제 정책을 위한 기업 유치 등 다양한 분야로 그 활동 영역을 넓히게 되어, 결국은 단체의 성격과 취지가 흐려지는 경우가 많다. 한정된 예산을 효율적으로 사용하기 위해서는 분명한 목적과 목표를 가져야 한다고 생각하는 나는 이 조항이 아주 훌륭하다고 생각한다.

* 국제 사회에 현지의 비참함을 호소한다는 것은, 당연한 이야기 같지만 실제로는 상당히 어렵다.
현지에서 자행되고 있는 반군의 잔학 행위를 매스컴에 고발하게 되면 반군과 적대하는 결과를 초래하여 정치적인 중립성을 잃게 된다. 그리고 더 이상 반군의 영역에는 들어갈 수 없게 되어, 반군 지역에 있는 환자들을 죽도록 방치하는 꼴이 되어 버린다. 최악의 경우, 반군 지역에서 활동하고 있는 MSF 요원이 체포되어 처형당할 가능성도 있다. 따라서 국제 사회에 호소하는 행동은 MSF의 현지 최고 책임자나 또는 유럽에 있는 MSF 본부와 긴밀하게 협의한 후에 하도록 되어 있다.

이상, MSF를 여러 방면에서 살펴보았는데, 전체적으로 보면 재원의 명확함과 중립성을 중시하는 높은 이상과 운영 이념을 가지고 있는 세계에서도 손꼽히는 훌륭한 단체이다. 그렇게 생각하기 때문에 나도 참가하고 있으며, 그 기본 이념에 찬성한다.

내가 MSF에 참가하게 된 경위는 다음과 같다.

초등학교 6학년, 12살 때에 나는 아버지를 따라 아프리카에 간 적이 있다. 현지의 마을을 방문했는데, 당시의 나에게는 놀라운 광경이 펼쳐져 있었다.

그것은 파리였다. 장소를 가리지 않고 파리가 앉아 있었고, 눈앞에서도 왱왱거렸다. 특히 인상에 남은 것은 온통 파리가 앉아 빨간 부분이 거의 보이지 않는 수박에 관한 기억이다. 그다지 빨갛지 않은, 아니 검은 수박을 아무렇지도 않게 우적우적 먹고 있는 내 또래의 어린이들. 그 아이들의 얼굴에도 몸에도 온통 파리가 앉아, 콧구멍과 입으로 들락날락하는데도 쫓으려 하지도 않고 싱글싱글 웃으면서 나에게 말을 걸어왔다. 나는 그 애들과 어울리지 못하고 나도 모르게 뒤로 물러서고 말았다. 일본에 돌아와서도 그 모습들을 잊지 못했고, 국제자원봉사이라는 단어를 접할 때마다 마음을 끄는 그 무엇인가를 느꼈다.

24살에 의사 면허를 취득한 후, 곧바로 국제자원봉사에 나설 수도 있었지만 당시의 나에게는 커다란 망설임이 있었다.

'국제자원봉사이라는 것은 어차피 자기만족이 아닐까?'

20살 전후에 나는 자신의 삶의 방식이나 이 세상에서의 존재 의미 등에 대하여 고민을 계속하고 있었다. 국제자원봉사이나 세계 평화와 같은 단어는 단지 위선으로밖에 보이지 않았다.

'어차피 자기만족이야. 어차피….'

이러한 생각에 머리를 가로젓곤 했다. 이렇게 자신의 꿈과 삶의 방식에 대하여 고민하면서도 국제자원봉사라는 말은 여전히 나의 가슴 속에 자리 잡고 있었다.

'틀림없이 국제자원봉사는 자기만족에 불과하며 무의미하게 끝나 버리기 쉬운 것이다. 그렇지만 어딘가에는 자기만족이 아닌 의미 있는 국제자원봉사의 길이 있을 것이다'

35살이 지날 즈음, 나는 MSF의 문을 두드렸다. 20년 이상을 생각하며 고민해 오던 나의 이상과 신념이 맞는 것인가를 확인하기 위해서.

국경없는의사회(MSF). 세계 최대의 의료 봉사 단체의 이념 아래, 나 개인의 이상을 실현하기 위해 시에라리온이라는 나라에서 굳은 결심으로 부딪치기로 한 것이다.

마일91

마일91 진료소. 마일91 주변에 있는 5천 명 내외의 난민들을 돕기 위해 MSF가 만든 중급 규모의 진료소이다.

소장은 이곳 톤코리리 주에서 유일하게 간호사 자격을 가지고 있는 남자, 42살의 카를로스이다. 카를로스는 아주 유능한 사람으로 간단한 외래 진료도 곧잘 해낸다. 배우는 것도 빠르고 내가 말하는 현대 의학의 기술을 금방 이해한다.

그는 내가 이 진료소에 처음 왔을 때, 시에라리온 특유의 여러 가지 열대병에 대하여 가르쳐 주었다. 환자들을 검진하기 위한 티무니 어 단어도 팀보가 모를 때에는 카를로스가 알려 주었다. 간단히 말하면, 카를로스는 나의 첫 선생님이며, 현재의 시에라리온 의료 사정을 포함하여 모든 것을 상세하게 설명해 주었다.

시에라리온에는 처음 접해보는 질병이 아주 많아, 아프리카에서 진료를 처음 해 본 나는 많은 곤란을 겪었다. 말라리아, 만손주혈흡충증, 아메바성 적리, 수많은 내장 기생충, 황열병, 라사열, 뭔지도 모를 피부병 등.

익숙하지 않은 생활환경 속에서 본 적도 없는 질병을 진단하고, 사용해 보지도 않은 약을 처방한다. 이곳에 와서 첫 보름간은 이런 것들에 익숙해지는 것이 고작이었다. 가장 빨리 현지의 상황에 적응하는 방법은 자아를 버리고 이곳의 상황을 '당연한 것'으로 생각하며 받아들이는 것이다.

환자에게 열이 있으면, 아무 생각 없이 말라리아로 진단하여 클로로킨이라는 약을 처방하는, 현지의 단편적인 의료에 대해서 할 말은 많았지만, 처음에는 똑같이 흉내를 내며, 우선은 현지의 의료 사정을 파악하기로 했다.

마을91

그렇게 하루하루를 보냈다. 보름 정도가 지나 어느 정도 이 나라의 의료 사정이 파악되었을 즈음, 나는 카를로스의 사생활도 알게 되었다. 그에게는 두 명의 아내가 있고, 애인도 여러 명 되는 것 같았다. 이 나라는 이슬람 국가여서 일부다처제가 용인되고 있다. 때문에 아내가 몇 명이 되든지 문제가 되지 않는다.

카를로스가 간호사 자격을 갖고 있다는 것은 그러한 자격을 취득하기 위한 학교에 갈 수 있는 여유가 있는 가정환경이며, 결국 카를로스는 어느 정도의 엘리트 집안에서 태어났다고 예상할 수 있다. 게다가 키가 183센티미터에 몸무게 80킬로미터의 건장한 체격으로 얼굴도 깔끔한 미남형이다. 부자에다 소장까지 맡고 있으니 인기가 있는 것이 당연한 것인가? (웃음)

'카를로스에게 몇 명의 아내가 있든 나와는 아무런 상관이 없지 않은가?' 라고 반문할지 모르지만, 실은 아주 깊은 관계가 있다. 가령 아침 6시 반에 진료소에 가면, 야간에 찾아온 응급환자들이 열 명 이상 기다리고 있는 경우가 있다. 그러면 나 혼자서는 그들 모두를 돌볼 수가 없기 때문에 카를로스를 불러 볼까 하고 생각한다.(메리는 아침 일찍 깨우면 너무 짜증을 낸다)

그래서 요원 한 명을 카를로스의 집에 보내 불러오게 하지만, 좀처럼 오지를 않는다. 왜냐하면 그의 아내들과 애인들은 모두 다른 집에서 살기 때문에 카를로스가 지난밤에 어디에서 묵었는지를 알 수가 없는 것이다. 그렇다고 매일 저녁 카를로스에게 "오늘 밤은 어느 집에서 묵을 거야?"라고 묻는 것은 좀….

이런 이유로 이른 아침 일은 나 혼자서 시작해서, 뭐가 뭔지 모를 환자들을 겨우 몇 개 외운 티무니 어를 사용하며 진단하게 된다.

이렇게 운영되고 있는 마일91 진료소는 가까운 시일에 규모를 축소하기로 결정했다.

이유는 명백하다. 시에라리온 내전이 UN 등의 군사 개입으로 정전(停戰)을 위한 정부군과 반군 간의 교섭이 진행되어, 마일91에 있던 5천여 명의 국내 난민이 원래의 자기들 고향인 마그부라카 주변으로 돌아가기 시작한 것이다.

이 때문에 마일91 진료소에 오는 환자 수도 감소되리라고 예상하고, 이곳의 요원을 절반으로 줄여 당초의 목적대로 마그부라카에 있는 큰 병원을 재건하기로 한 것이다. 지극히 당연한 결정이었다. 그런데 문제는 현지의 요원들이었다.

진료소에서 일하고 있는 20여 명의 요원들은 장려금으로 MSF로부터 월 2만5천 원 정도의 급여를 받고 있다. 이것은 그들의 유일한 생계비로, 이것을 받지 못하게 되면 겨우 안정을 찾은 현재의 생활을 잃게 된다. 이 때문에 현지인 요원들에게 커다란 동요가 일었다.

"우리들을 죽게 내버려 둘 거예요!"
"집에 애들이 14명이나 된단 말이에요!"
"월급을 못 받으면 내일부터 어떻게 살아가란 말이야!"
"봉사 활동을 시작했으면 계속해야지!"
"인원을 반으로 줄이면 환자들을 제대로 돌볼 수가 없어요!"
"환자들은 아직도 전혀 줄지 않고 있잖아요!"

"마그부라카에는 아직도 RUF(반군)가 아주 많아. 위험하다고."

"저기… 마그부라카에 같이 데려가 주지 않겠나?"

모두들 이러쿵저러쿵 불만들을 쏟아 냈다. 자신들의 생활을 유지하기 위해 필사적이었다. 얼굴 바로 앞에 와서 소리를 지르고, 눈을 부라리며 따져 들면 좀처럼 반론하기가 쉽지 않다. 우리들이 MSF의 현장에 의거하여 설득해 보지만, 그들에게는 그다지 관계없는 이야기이므로 설득력이 없다.

이때 우리의 책임자 조셉이 아주 알기 쉬운 영어로 또박또박 말을 꺼냈다.

"정말이지 죄송하게 되었습니다만 결정을 번복할 수는 없습니다. 하지만, 여러분들에 대한 최대한의 편의는 생각하고 있습니다.

우선 실제 퇴직은 2개월 후가 되며, 퇴직하는 분들에게는 3개월분의 장려금을 일시금으로 지급하도록 하겠습니다.

그리고 다른 일자리가 얻기 쉽도록 MSF의 로고(빨간 인장)가 들어간 소개장을 써 드리겠습니다. MSF는 유명하기 때문에 여기서 일한 증명서가 있으면 정부나 다른 NGO가 운영하는 병원에서 채용해 줄 것입니다.

또, 마그부라카의 병원 건립이 끝나면 퇴직한 여러분들을 불러들일 수도 있을 것입니다. 그때까지 조금만 기다려 주시면 저희들도 기쁘게 생각할 것입니다."

완벽했다. 특히 효과가 있었던 것은 일시금으로 3개월분의 퇴직금을 현금으로 지급한다는 말이었다. 뭐라 해도 인간은 눈앞의 돈에 나약했다.

조셉은 이미 아프가니스탄에서 두 번의 프로젝트를 경험하였고, 그에 대한 평판도 아주 좋았다. 과연 MSF 네덜란드에서도 인정해 주는 기획 운영 담당자로서의 뭔가가 있었다.

이렇게 하여 '우리들의 대장' 덕분에
무사히 주도 마그부라카의 재건을 위한 길을 떠날 수 있게 되었다.

갈색 회오리

마일91을 떠나기 일주일 전, 그날 오전은 여느 때와 달리 평온했다. 야간 응급 환자가 없었기 때문에 오전에 나와 카를로스는 마일91 진료소에서 외래 환자를 보고 있었다. 아프리카 특유의 피부병을 진찰할 때에는 카를로스에게 물어보고, 카를로스가 모를 때에는 내가 그에게 현대 의학을 가르쳤다. 우리들은 서로가 선생이고 배우는 학생이었다.

오전 중에 온 백여 명의 외래 환자를 보고 나자 시간은 오후 2시를 넘어가고 있었다. 점심을 먹기 위해 사무실까지 돌아가는 것이 귀찮아서 근처의 중심가를 둘이서 걷고 있었다.

이 마을의 중심에는 상점들이 늘어서 있는 메인 스트리트가 있다. 상점가라 해도 물론 멋진 가게들이 늘어서 있는 것은 아니다. 노점이라고나 할까, 가판대와 같은 가게들이 죽 늘어서 있을 뿐이다. 하지만 이 근방에서는 비교적 큰 마을로 노점의 수도 꽤 많다. 족히 백 개는 넘는 것 같다.

평상시 같으면, 나는 점심으로 콜라(1천 레오네=500원)와 빵(5백 레오네=250원)을 사서 먹는데, 매일 이렇게 먹으니 질려서 뭔가 새로운 것에 도전해 보기로 했다.

마임91 시장에서 장을 봐 오는 어린이

그때 눈에 확 들어온 것이 노점에서 팔고 있는 요구르트였다. 살펴보니 수입품으로, 스트로베리 뭐라고 쓰여 있는 컵 형태의 요구르트이다.

참고로 나는 과자 종류를 아주 좋아해 요구르트나 젤리, 낫토 등에는 사족을 못 쓰는 식성이다.

나는 슬며시 물어보았다.

"이거 얼마?"

가게의 여자 애가 답한다.

"5백 레오네예요"

수입품치고는 싸다. 좋을지도 모르겠는걸. 더구나 이 가게의 여자아이는 귀엽게 생겨 생글생글 웃고 있다.

"사실래요?"

하지만, 이 아프리카 오지의 농촌에서 팔고 있는 것을 그대로 믿고 사 버리기도 의심스러워 유통 기한을 확인해 보니 2002년 3월로 쓰여 있었다. 지금이 2001년 10월이므로 앞으로 반년은… 하고 생각한 나는 결국 3개나 샀다. 허기가 진데다 현대 문명이 그리웠던 나는 사기가 무섭게 그 요구르트 3개를 단번에 먹어 치웠다. 아연해져 나를 보고 있던 카를로스가 텅 빈 요구르트 용기를 보며 이렇게 말했다.

"토시, 이 요구르트 말인데… 섭씨 4도에 보존하도록 써 있어"

"뭐라고!?"

당연한 일이지만, 이곳 시에라리온은 연중 33도를 유지하며, 야간에만 기온이 내려간다. 이 요구르트도 33도에서, 그것도 직사광선을 직격탄으로 맞으며 보존(?)된… 어리석었다. 하지만 벌써 먹어 버렸으니 어쩔 도리가 없다. 나는 마일91로 돌아와 오후의 외래 진료를 개시했다.

그런데 외래 진료를 시작한 지 얼마 되지 않아 일이 터졌다.

심한 복통과 함께 강렬한 변의가 찾아온 것이다. 더 이상 참을 수 없어 진료소의 요원에게 화장실을 물었다. 요원이 화장실을 손으로 가리켰다.

화장실은 외래 병동과도 입원 병동과도 떨어져 있는, 허술하게 지어 놓은 작은 건물을 사용하고 있었다. 이곳에 온 지도 벌써 보름이나 지났지만, 아직까지 환자들이 사용하는 화장실을 사용해 본 적이 없다. 왜냐하면, 이곳의 환자들은 전혀 알 수 없는 무서운 기생충이 일으키는 설사 등의 병들을 앓고 있어, 이러한 환자들이 사용하는 화장실 문이나 손잡이, 화장실 바닥에는 당연히 그 뭔지도 모를 열대성 기생충이 우글우글 숨어 있기 때문이다.

나는 망설이지 않고 환자용 화장실 문을 열었다. 문이 조금 열리며 햇빛이 안을 비추기 시작한다. 화장실 안은 사무실 화장실과 마찬가지로 20센티미터 정도의 둥근 구멍이 뚫려 있는 형태였다. 화장실 주위의 바닥과 벽은 흙으로 발랐는지 갈색을 하고 있었지만 그런대로 생각보다는 깨끗해 보였다.

조금 안심이 되어 두세 발짝을 화장실 안으로 들어가 문을 닫았다. 그때! 뭔가가 나의 다리춤에서 날아올랐다.

"으악! 아아악!"

수없이 많은 나방들이 나의 몸을 감쌌다. 바닥과 벽을 덮고 있던 갈색은, 작고 작은 수많은 갈색 나방들이었던 것이다!

깜짝 놀란 나는 당황해서 땅바닥을 탁탁 치고 말았다. 하지만 그것은 상황을 더욱 악화시켰다. 바닥과 벽에 붙어 있던 나방들이 일제히 날아올라, 결국 화장실 안은 갈색 회오리로 덮여 버리고 말았다! 그 한가운데에 있던 나의 얼굴에는 나방의 회오리가 사정없이 불어와, 환자들의 기생충과 설사의 일부를 내 얼굴에 발라 주었다.

콧속으로도 들어온다. 입 안으로도 머릿속으로도 옷 속으로도….

"으아~악!"

나는 기절할 듯 소리를 지르며 화장실을 뛰쳐나왔다. 뭔 일인가 하고 수위가 눈을 크게 뜨고 바라보고 있었다.

그런 수위를 본체만체, 나는 진료소 밖으로 달려 나갔다.

그리고 몇 분 후, 나는 푸른 하늘이 보이는 초록빛 논 한가운데에 쭈그리고 있었다. 이 웅대한 풍경 속에서 내 몸의 일부(?)는 자연과 하나가 되어 간다.

아, 일본은 지금쯤 가을이겠지…. 프로야구는 어디가 우승했을까?

상관도 없는 생각을 하면서 시에라리온에서의 첫 달이 그렇게 지나갔다.

3

언 어 의 힘

소년병

이 장에서는 우선 시에라리온의 지리와 근대사를 소개한다.

서아프리카에 있는 시에라리온은 홋카이도 정도 크기의 작은 나라로 인구는 450만여 명이다.

이 나라의 북동부에서는 다이아몬드가 채굴된다. 하지만 이것이 오히려 화를 불러들였다. 남쪽에 인접해 있는 라이베리아의 테라 대통령이 다이아몬드 이권을 탐내고 쳐들어온 것이다.

라이베리아의 테라 대통령은 모략에 능한 사람으로, 정면으로 쳐들어가면 국제 사회의 비난을 피할 수 없다는 것을 알고, 침략해 들어가는 군대를 시에라리온 국내의 혁명군으로 둔갑시킨다는 아이디어를 짜낸다. 외견상으로 보면 시에라리온 국내의 내전처럼 보이도록 공작한 것이다.

"이 나라의 정부는 부패되어 있다. 뇌물투성이다! 우리들의 힘으로 새로운 정부를 만들자!"

이러한 구호 아래 내전을 일으켜, 다이아몬드 광산을 자신의 지배 아래에 두게 된다.

원흉인 라이베리아 대통령의 의도로 조직된 반군(혁명군)을 RUF(Revolutionary Unitied Front : 혁명통일전선)라고 한다.

이 RUF는 라이베리아에서 군사 물자를 충분히 보급 받아 압도적인 군사력을 자랑하며, 순식간에 시에라리온 전역을 점령해 버린다. 얼마 되지 않아 시에라리온의 정부군을 몰아내고, 수도 프리타운을 제외한 모든 주(州)를 지배하게 된다.

곤경에 처한 시에라리온 대통령 존 카바는 UN에 원조를 요청한다. 이에 영국을 중심으로 한 UN군이 이 나라의 내전에 군사 개입하여 프리타운 주변의 RUF를 몰아낸다.

2001년 9월 현재, 시에라리온의 서쪽 절반은 정부군(실제로는 UN군)이 지배하고, 동쪽은 RUF군(실체는 라이베리아군)이 지배하고 있는 상태에 놓여 있다. 동시에 정치적인 교섭으로 일단은 휴전(종전?) 협정이 진행되고 있는 상황이다.

이상이 대강의 시에라리온 근대사이다. 여기서 RUF의 몇 가지 잔학 행위에 대해

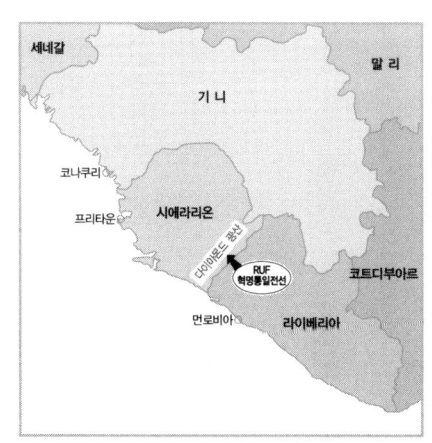

시에라리온과 인접국과의 관계

서 말해 둘 필요가 있다.

아시아에서 시에라리온은 거의 알려져 있지 않지만, 미국이나 유럽 등의 국제자원봉사에 적극적인 나라에서는 아주 유명한 나라이다. 그것은 다음과 같은 세 가지 이유에서이다.

첫 번째는, 세계에서 가장 짧은 평균 수명, 유아 사망률 최악, 5세 미만의 유아 사망률 최악, 임산부 사망률 최악 등 그 나라의 의료 수준을 나타내는 통계 지표가 모두 세계에서 가장 나쁘기 때문이다.

두 번째는, RUF에 의한 일반 시민들의 '사지 절단' 만행과, 겨우 다섯 살의 소년 소녀들을 최전선의 군대로 투입한 '소년병' 사건 등 여러 가지 인권 유린 사건들이 일어났기 때문이다.

세 번째는, 이곳 시에라리온에서 채굴된 다이아몬드가 미국인들을 공포에 몰아넣은 오사마 빈 라덴이 이끄는 테러리스트 조직 '알 카에다'의 자금원이 된 것이 아닌가 하는 의심이다.

인권 유린에 대해서 좀 더 자세히 언급하겠다.

우선 사지 절단에 관한 것인데, 이 나라에서는 1990년대에 RUF에 의하여 일반 시민을 상대로 한 잔학 행위가 빈번하게 일어났다. 그중 큰 사건은 1996년과 1997년에 일어난 '전멸작전(Operation Spare no Souls)'이라고 불리는 것이다.

매일 새로운 마을과 촌락이 습격당하여, 무차별로 살해당하고 약탈되었다. 집들은 모두 불태워졌고, 학교와 병원은 모두 파괴되었다. 그리고 그들의 말을 따르지 않는 시민은 손과 발과 귀가 도끼로 절단되었다. 여성들에 대한 강간도 대량으로 발생하였고 9살 난 어린아이까지도 능욕했다. '정치 민주화와 차별 없는 교육을 확립하기 위하여 싸우고 있다'고 표방하며 큰소리를 치고 있던 RUF는, 뒤로는 세계에서도 그 유례를 찾기 힘든 잔학 행위를 계속하고 있었던 것이다.

이러한 잔학 행위를 자행하는 데에는 두 가지 이유가 있었다. '폭도화된 군대'가 단순히 오락으로서 살인과 약탈을 즐기는 것. 또 하나는, 적국의 경제를 피폐화시키기 위한 것이다. 즉 일반 시민들을 일부러 죽이지 않고 사지를 절단하여, 몸이 자유롭지 못한 채로 살아가도록 한다. 이렇게 되면 정부는 장애자들을 위하여 예산을 배정할 수밖에 없고, 또한 그 가족들은 밖으로 일을 나갈 수가 없게 된다. 이렇게 해서 적국의 국력은 쇠약해져 가는 것이다.

물론 이러한 행위는 국제 사회(특히 인권 문제 감시 단체)로부터 격렬한 비난을 받고 있다. 시에라리온의 국가 예산이 바닥을 드러낸 현재에는 UN이나 NGO 단체가 사지가 절단된 사람들을 위하여 수용

RUF의 잔학행위

시설을 만들어 원조를 하고 있다.

소년병 문제에 대해서도 기술해 보자.

RUF는 1990년대 초기(특히 1993년경), 군사 시설과 전혀 관계가 없는 마을들을 습격하여 5살 전후의 소년 소녀를 유괴해 갔다. 목적은 돈이 아니라 그들을 병사로 쓰기 위한 것이었다. 강제로 마약을 주사한 후에 총을 쥐어 주고 최전선에 투입시켜 공포를 느끼지 않는 최강의 전사로서 '사용' 한 것이다. 마약에 취해 선악의 구별 능력을 상실한 소년 소녀들은 친형제들조차도 아무 거리낌 없이 죽이며, 자신의 손발이 한두 개 잘려도 개의치 않는 지옥의 전사가 되어 버렸다.

5살이 되어 살인을 배우고, 그것을 아무렇지도 않게 생각하며 성장하는 그들은 설상가상으로 원래부터 의무 교육이 없는 이 나라의 교육 실정과 결합하여, 정상적인 윤리 관념이나 도덕규범을 갖기가 지극히 어려운 사람으로 커 간다. 이러한 모든 슬픈 현실이 세계적으로 유명한 시에라리온의 '소년병' 문제이다.

2001년 9월 현재 정전 협정은, 조인을 성사시키기 위해 아직도 진행되고 있다. 그런 와중에 몇 개의 국제 자원봉사 단체가 이 문제에 대해 활동을 시작했다. 그중 가장 큰 단체는 영국의 그리스도교 단체이다. 이 단체는 소년병 수천 명을 모아 각지에 숙박 시설을 갖춘 학교를 만들었다. 왜냐하면, 정전 협정이 진행되고 있는 지금도 소년병이었던 그들의 잔학성을 두려워해, 그들이 태어난 고향 마을에서조차도 귀환을 거부했기 때문이다. 이렇게 만들어진 학교에 그들을 수용하고 하루 세 끼를 제공하며 다양한 교육을 시켰다.

그중에서도 가장 특징적인 것은 종교 교육 시간으로, 성서에 바탕을 둔 '선한 것'과 '악한 것'을 가르치는 교육이다.

참고로, 이 나라 인구의 80퍼센트는 이슬람교도이고 20퍼센트가 그리스도교도이다. 때문에 성서에 바탕을 두면 그리스도교를 바탕으로 하는 것이므로 그들이 납득할 수 없지 않을까? 하고 생각했지만, 그리스도교의 성서도 이슬람교의 코란도, 구약성서의 부분은 같다고 한다. 선과 악에 관한 윤리적인 부분은 두 종교가 공통으로 하는 구약성서에 주로 쓰여 있기 때문에 이러한 수업이 전혀 문제가 되지 않는다고 한다.

내전이 시작된 지 10년 이상이 흐른 지금, 겨우 5살 정도였던 그들도 상당히 성장하여, 초등학교 1학년에서 가르치는 선악의 내용을 15~18세의 청소년들을 모아 놓고 이야기하는 것이다. 옆에서 듣고 있으면 꽤나 묘한 광경이다.

또한 이러한 선악을 가르치는 윤리 수업 사이사이에, 한 사람씩 참회실에 불려가 지금까지 자신이 저질러 온 나쁜 짓을 모두 정직하게 신에게 고백하도록 한다. 그들이 저지른 죄를 모두 솔직하게 말할 경우, 이 종교 단체의 사람들은 "잘했다. 이것으로 됐어. 앞으로는 이 나라의 미래를 위해 열심히 살아라."라고 말하고, 그들을 더 이상 추궁하지 않으며 "너는 이 나라의 미래에 아주 중요한 사람이기 때문에 하고 싶은 일을 할 때에도 자긍심을 가지고 살아야 한다."고 반복해서 강조한다.

이러한 활동을 하고 있던 그리스도교 단체에서 소년병이었던 그들의 의학적인 문제를 파악하기 위하여 MSF에 진료를 부탁해 왔다. 이 때문에 나는 병원 재건 작업의 와중에도 잠시 짬을 내어 소년병 캠프에 들렀다. 하루에 50여 명씩 약 5백여 명을 진료했는데, 그 결과는 너무나 무서웠다.

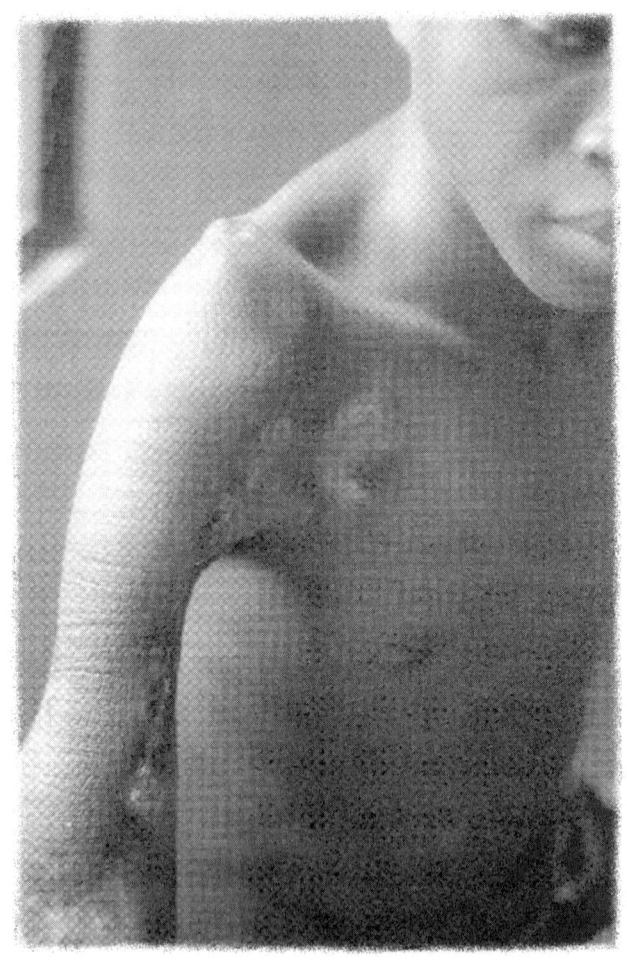

소년병의 탄흔

그들에게는 모두 예외 없이 탄흔과 칼자국이 몸 여기저기에 나 있었다. 나중에 요원들에게 들어서 안 사실이지만, 그들의 손목에 나 있는 상처는 RUF가 이들의 몸에 마약을 주입할 때 생긴 상처라는 것을 알았다.

그리고 여자 애든 남자 애든 성 관계를 강요받았다고 한다. 이 캠프에 있는 거의 모든 여성들은 임신 중이든가 임신 경험이 있다. 소년들도 성 관계를 해야 했다고 털어놓았다. 이 나라의 에이즈 양성 비율이 더욱 증가하지 않을까 심히 염려가 되었다.

그들과 대화를 나누어 본 결과, 대부분은 보통의 소년 소녀들로 특별히 위험하다는 인상은 받지 못했다.

내가 진료를 끝내면 그들은 축구에 몰두하며, 그건 반칙이야! 하고 말다툼에서 시작해 싸움을 하곤 한다. 누가 아버지인지도 모른 채 임신한 소녀들은 몇 명씩 모여 서로의 머리를 다듬어 준다.

선생들은 목청을 높여,

"전쟁은 끝났다! 너희들은 이 나라에 꼭 필요한 사람들이다! 긍지를 가져라!"

하고 고함지르며 슬로건을 반복한다.

'혼돈'이라는 단어가 내 머리에 떠오른다.

정전을 눈앞에 둔 소년병 캠프. 이곳은 이 나라의 축소판일까? 아니면 미래 그 자체일까…

성인식

드디어 마그부라카 주립 병원의 재건이 시작되었다.

내가 이곳 시에라리온에 온 가장 큰 이유이며, 이 일을 무사히 끝내는 것이 내가 이 나라에 있어야 할 존재 이유이다.

한번 해 보자고 결의를 다져 보지만 산적한 문제가 하나 둘이 아니다. RUF와 정부 간의 내전이 10년 이상이나 계속되고 있는 탓에 대부분의 의사와 간호사는 국외로 빠져나가 버렸고, 병원 건물도 폭탄으로 파괴되어 버렸다. 이런 이유로 의료 활동을 시작하기 전에 우선 의료 체제를 정비하는 일부터 시작해야 한다.

우선 파괴된 병원 건물의 수리부터 시작했다. 그러지 않으면 말라리아를 옮기는 모기들이 병원 안을 제집 드나들 듯하고, 병원 안에는 비가 새어 들어올 것이다.

다음 문제는 병원에 의료 요원들이 없다는 것이다. 이곳 마그부라카에도 정규 자격을 지닌 의사나 간호사가 거의 없다. 병원에서 일하고 있는 간호보조원들은 쉽게 말해 아무런 자격도 없는 근방의 사람들이다. 하지만 없는 것은 어쩔 도리가 없다. 우선은 이들 간호보조원들이 간호사 일을 할 수 있도록 교육시켜야 한다.

그 다음 문제는 이 병원의 원장인 닥터 포노인데, 그는 병원에 대한 MSF의 간섭을 그다지 달갑지 않게 생각했다. 사정이야 어떻든 이 병원에서 가장 큰 권위를 가진 그와 서로 협력해 가지 않으면 안 된다.

그러나 무엇보다도 가장 큰 문제는 안전이다. 정부군 영역이었던 마일91과 달리 마그부라카는 반군 측 영토에 있어, 이곳저곳에서 총을 든 RUF 병사들이 어슬렁거리며 배회한다. 마을에 두 개뿐인 술집에 들어가도 험상궂게 생긴 청년들이 히죽히죽 웃으며 이쪽을 바라본다. 언제든 총을 들이밀고 "있는 거 다 내놔!" 한다 해도 전혀 이상할 것 없는 분위기이다.

이렇게 산적한 문제를 해결하기 위하여 우리들은 각자 일을 분담했다.

우선, 우리들의 대장인 기획 운영 담당자 조셉은 적어도 하루에 한 번은 반군 장교가 있는 곳에 인사를 가서 얼굴을 비쳤다. 우리는 가난한 환자들을 돕기 위해서 온 단체이며 의료 봉사 이외의 활동은 일체 하지 않을 테니 아무쪼록 우리들을 공격한다든지 하는 불상사가 일어나지 않도록 부탁하러 가는 것이다.

한편으로는, 좀 떨어진 교외에 있는 정부군 주둔지 장교에게도 인사를 갔다. 우리들의 중립적인 입장을 전달하고, 반군에 가담하여 병사들을 치료하는 것이 아니라, 반군 지역에 있는 가난한 환자들을 돌보고 있을 뿐이라는 것을 설명한다.

정부군을 지원하는 UN군에게도 얼굴을 내밀었다. MSF는 정치적 중립을 중시하기 때문에 UN의 물자 운반에 대한 협조 요청은 받아들이지 않는다고…. 그렇지만 안 좋게 지낼 이유도, 그럴 필요도 없다. 전쟁이 다시 시작되면 가장 먼저 이를 예측하고 우리에게 그 정보를 알려 주는 것이 UN이기 때문이다. 정부군이나 반군은 우리들에게 마음 쓸 여유가 없다. 그렇기 때문에 갖가지 위험에 관한 정보를 매일같이 자세히 제공해 주었으면 하고 부탁하는 것이다.

이 외에도 이 나라에는 제3의 세력이 존재한다. 별 도움이 되는 않는 정부군에 불만을 품고 시민들이 결성한 '민병(Civil Defense Force : CDF)' 이다. 그들은 게릴라와 같은 단체로, 어둠 속에서 생활하며 야음을 틈타 공격하는 야생동물과 같은 집단이다. 우리들은 이러한 제3세력과도 교섭을 가져 공격 받지 않도록 배려하고 있다.

이와 같이 정치적 중립을 지키는 것이 쉬운 일은 아니다. 굽실굽실 머리를 조아리면서 세 치 혀로 얽혀 있는 정치적 상황을 헤쳐 나가는 우리들의 대장 조셉의 역량에는 참으로 감탄이 절로 나온다.

여담이지만 우리들이 통신용 라디오로 앞서 말한 네 곳의 군사 단체에 관련된 이야기를 할 경우, 그들의 이름을 그대로 말하면 곤란하기 때문에 암호를 사용한다. 그런데 이 암호가 아주 재미있다.

RUF는 R로 시작하여 디스코를 열심히 추므로, 래빗(Rabit: 토끼).

정부군(시에라리온 군)은, S로 시작하고 전쟁에 약하기 때문에 쉽(Sheep: 양).

UN군은 항상 청색 군복을 입고 있어 블루(Blue: 청색).

민병(CDF)은 C로 시작하고 재빠르기 때문에 코크로치(Cockroach: 바퀴벌레).

다른 것은 그렇다 쳐도 CDF의 바퀴벌레에는 웃고 만다. 어둠 속을 민첩하게 움직이며 작은 총으로 공격하는 모습은 전투형으로 진화한 바퀴벌레와 정말 흡사하기 때문이다.

이곳에는 또 한 사람의 중요한 인물인 대추장이 있다. 예로부터 이곳 서아프리카에는 추장에 의한 지역의 지배 제도가 오랜 전통으로 내려오고 있다. 옛날에는 정부라는 것이 없고, 대신에 부족장이 각 지역을 통치했다. 하나의 마을을 추장이 통치하고, 수십 명에 이르는 추장들을 통솔하는 지고의 존재가 바로 대추장이다.

마그부라카는 톤코리리 주의 중심에 있어 톤코리리 주변을 다스리는 대추장이 살며 절대적인 영향력을 행사한다. 10년 전, 반군인 RUF가 마그부라카를 공격해 왔을 때에도 정부군 측 경찰서나 정부 건물들은 파괴했지만, 대추장의 저택에는 손도 대지 않았을 정도이다. 그 정도로 대추장의 존재는 대단하다.

조셉은 당연히 대추장의 집에도 일주일에 한 번씩 찾아가 우리들이 선의의 국제 자원봉사 단체임을 이해시키고자 했다.

현지에서 고용한 수위나 야간 순찰원, 운전수 등을 통하여 현지의 정보를 수집하고 강도나 살인, 강간 등의 빈두를 체크하는 것도 조셉의 일상적인 업무이다.

그렇다면 전쟁이 한창인 이 땅에서 우리들은 어떻게 안전을 지키고 있는가.

기본적으로는 각자가 통신용 라디오를 항상 휴대하며 24시간을 반드시 사륜 구동 자동차와 함께 움직인다. 대장 조셉으로부터 "도망쳐!"라는 연락이 오면 수도인 프리타운까지 자동차로 도망가든지, 미리 정해 둔 몇 군데의 헬리포터(단지 풀밭에 불과하지만)에 가서 UN의 헬리콥터를 얻어 타기로 되어 있다. 하지만 이것은 어느 정도 여유가 있을 때의 이야기이다.

한밤중에 무장한 집단에게 갑자기 습격을 당하면 어떻게 할 것인가? 답은 간단하다. 가지고 있는 돈과 컴퓨터, 자동차, 통신 장치 등을 모두 내주고 대신에 목숨만은 살려 달라고 하는 것이다.

이런 상황에 놓이지 않도록 평상시에도 항상 근처의 강도 발생률 등을 주의 깊게 살핀다. 강도 사건이 증가하면 프로젝트를 중지하고 재빨리 피신하는 것이다. 조셉은 팀 전원의 안전을 지킬 책임과 의무가 있으며, 그것은 본래 목적인 의료 봉사 사업을 계속하는 것보다도 우선한다.

그럼 우리들이 고용한 수위와 팀보와 같은 야간 순찰원들은 무엇을 하는가? 한마디로 '장식용'이다. 도둑이나 강도들에게, MSF 사무실은 야간에도 항상 많은 사람들이 환하게 불을 밝히고 일하기 때문에 털기 쉬운 곳이 아니라는 것을 보여 주기 위한 일종의 '위장'이다.

실제로 강도가 들어와 권총을 들이밀 경우 야간 순찰원들은 목숨을 걸고 우리들을 지켜 주는 것이 아니라 "자 이쪽으로 오세요." 하고 금고까지 강도를 안내해도 좋도록 되어 있다. 그리고 조셉을 불러 금고 안에 있는 돈을 모두 내준다.

미련하다고 생각할지는 모르지만 무력을 갖지 않은 우리 MSF로서는 고작 이것이 안전 유지를 위한 방책이다. 스스로 무장을 하는 NGO도 있다. 하지만 MSF는 '무기는 무기를 부른다'는 신조 아래 절대 무장을 하지 않는다. 설사 무장을 한다 해도 싸움의 프로들인 반군 출신 강도를 이길 수도 없으며, 오히려 돈과 함께 목숨까지 빼앗길 뿐이다.

물자 조달 및 운반 책임자인 로빈슨의 일은 다음과 같다.
우리들이 9월 말에 처음으로 이곳 마그부라카 병원을 둘러보러 왔을 때 그 황량함에 눈을 의심했다. 천장에는 커다란 구멍이 뚫려 있었고, 문과 창문도 모두 부서져 있었다. 병상이 없어 환자들은 맨바닥 위에 누워 있었다. 환자들은 제대로 된 치료를 받고 있는 것 같지도 않았다.
게다가 물조차도 충분하지 않았다. 이전부터 있던 우물은 내전으로 많이 파괴되어 생각만큼 물이 나오지 않았다. 화장실은 병원 마당에서 볼일을 보기 때문에 악취뿐만이 아니라, 어느 한 사람이 설사병과 같은 질환을 앓으면 모두에게 감염되었다. 이러한 상황에서 물자 조달 및 운반 책임자의 임무는, 먼저 시설들을 하나씩 복구하고 때로는 건설한다. 건물의 개수와 물 공급 체계가 끝나면 환자용 화장실과 간호 요원들을 위한 책상이나 의자를 만든다.
이 외에도 물자 조달 및 운반 책임자의 일은 여러 가지가 있다. 그 하나는 의료 물자의 조달과 수송이다. 유럽에서 수도 프리타운을 경유하여 이곳 마그부라카까지 들어오는 약품의 종류와 수량을 주문, 수송하여 사무실과 병원에 보관, 보급하며 그 소비량을 체크한다. 그리고 도난이 있었는지를 확인하는 것이 그의 일이다.

또한 현지 요원들을 응모, 면접, 채용하여 급여를 주고, 의료 보험 제도나 유급 휴가 제도를 만들며, 때로는 해고를 하는 것도 그의 일이다.

우리들과 같은 파견 요원들의 주거 공간 준비도 그가 한다. 우리들이 아직 마일91에 있었을 때부터 로빈슨은 마그부라카에 혼자(자동차 한 대와 통신 장비와 같이) 남아서 우리들이 살 수 있는 공간을 준비했다.

이와 같이 물자 조달 및 운반 책임자는 가장 중요한 일을 한다고 할 수 있다. 만약 그가 무능하면 약품도 충분히 공급되지 않고, 병원 건물은 언제까지나 부서진 그대로일 것이고, 우리들의 식사도 부실해지며, 고용되는 현지 요원들은 멍청이들로 가득 차는 결과를 초래한다. MSF 활동이 성공하느냐 실패하느냐가 그들의 수완에 달려 있는 것이다.

병원을 수리하는 목공

다음으로 MSF로부터 하달 받은, 내가 해야 할 일이다.
- 톤코리리 주의 MSF 의료 활동 전체에 대한 책임을 진다.
- 톤코리리 주의 주변 지역에 5곳 안팎의 작은 진료소를 만든다.(1차 의료)
- 톤코리리 주립 병원을 재건한다.(입원 가능한 2차 의료의 재건)
- 소아과 및 산부인과에 중점을 두고, 그 의료 상황을 개선한다.

또 하나는 나 자신이 이상으로 생각한 국제자원봉사의 실현으로, 현지 요원들을 철저하게 교육시키는 것이다. 내가 아무리 이 나라에서 열심히 한다고 해도 "자 안녕"으로 끝나 버려서는 별 의미가 없다. 나 한 사람의 자기만족으로 끝나 버린다. 내가 한 일들이 헛되이 되지 않도록 하기 위해서는 현지 요원들을 철저히 교육시켜 내가 돌아간 후에도 전과 같은 의료 수준이 유지될 수 있도록 할 필요가 있다.

이것을 실행하려면 먼저 우리 팀의 대장인 조셉에게 나의 개인적인 교육 계획을 실행해도 좋은지를 확인 받아야 했다.

나는 조셉에게 물었다.

"나는 국제자원봉사에서 가장 중요한 것이 교육이라고 생각하네. MSF로부터 지시 받은 일을 모두 확실히 한 후에, 남는 시간에 교육을 실시하고 싶네."

조셉도 전적으로 동의해 주었다.

"토시, 대찬성입니다. 나도 현지 사람들의 교육이 아주 중요하다는 것을 알고 있습니다. MSF 활동 지침 속에도 교육시킨다는 것이 나와 있고요. 다만, 진료가 너무 바쁘기 때문에 다들 할 수 없었던 것뿐이었죠. 토시, 한번 해 보세요. 마일91에서 토요일 일요일도 없이 아침부터 밤까지 일했다는 걸 알고 있습니다. 당신이라면 아마도 해낼 수 있을 겁니다."

나는 수도 프리타운에 있는 MSF의 최고 책임자 레이첼과 의사 지원 책임자인 메디컬 코디네이터에게도 확인 이메일을 보내 두 사람에게서도 대찬성이라는 답장을 받았다.

이렇게 하여 나의 교육 계획은 시작되었다. 그러나 아직 나의 교육 프로젝트는 백지 상태였다. 그들의 교육 수준과 위생 수준, 그들의 문화적, 사회적인 배경을 모르면 어디부터 어떻게 가르쳐야 좋을지 알 수 없기 때문이다.

나의 국제자원봉사 방침은 이미 말한 교육 중시 외에 또 하나가 있다. 그것은 그 나라의 언어를 배워(적어도 배우려고 노력), 그 나라의 문화, 풍습, 사회 제도, 종교, 정치 형태 등을 먼저 파악하고 나서 그 나라의 미래를 위해 무엇을 하는 것이 가장 중요한가를 그들과 같은 시각에서 생각해 보는 것이다.

우물

외국에서 갑자기 들어온 우리들이 현지 사람들에게 '우리들은 이렇게 하니까 당신들도 이렇게 하세요' 하고 억지로 주입시키는 형태의 국제자원봉사은 아무리 생각해도 납득할 수 없었기 때문이다.

그래서 톤코리리 주의 언어인 티

무니 어 공부를 시작했다. 티무니 어에는 문자가 없다. 때문에 사전이나 교과서가 없이 귀만을 의지해서 배워야 한다.

마그부라카 주립 병원의 개수 공사가 진행되는 동안 병원에 뻔질나게 들락거리며 배회하고 있는 간호보조원들의 이름을 필사적으로 외워 갔다. 말을 배우는 데에는 우선 사람들과 친하게 지내는 것이 먼저이다. 이렇게 함으로써 서로 대화를 나눌 수 있게 된다. 그리고 한 사람 한 사람에게서 정보를 수집함으로써 조금씩 이 나라의 문화나 풍습을 이해할 수 있게 되며, 이 나라의 전반적인 형태가 머릿속에 그려져 간다.

하지만 60명이 넘는 요원들의 얼굴과 이름을 한꺼번에 외운다는 것은 쉬운 일이 아니었다. 현지 요원들에게 나는 하얀 피부에(아프리카에서 나는 백인으로 취급 받는다) 안경을 쓴, 키가 조금 큰 남자로 목소리도 크기 때문에 금방 기억한다. 하지만 내가 특징이 별로 없어 보이는 그들을 외우기란 여간 고역이 아니다.

내가 그들 한 사람 한 사람을 구별하기 위하여 사용한 방법은 머리 모양이었다. 간호보조원의 70~80퍼센트는 여성인데, 이 나라의 여성들도 멋 부리기를 아주 좋아한다. 저마다 아주 특징적인 머리모양을 하고 있어 인상적이다. 모기향처럼 둘둘 말아 감아올린 모양, 머리카락 전체를 수십 가닥으로 작게 땋은 모양, 일본 남자들이 즐기는 7대 3 가리마, 올백과 같은 모양 등등. 아무리 봐도 질리지가 않는다.

나는 이러한 헤어스타일을 표시 삼아 이름을 외워 갔다.

"모기향은 마리 산코."

"우글우글 땋은 머리는 파츠마타 칼그보."

"7대 3 가리마는 아다마 세세이."
"올백은 아이사츠 부라."

여자들의 독특한 머리 모양

병원 요원들과 사이좋게 지내는 것은 여러 가지로 유리하다. 이 지역의 다양한 의료 문제점들을 보다 명확히 알 수 있다.

이 병원의 원장 닥터 포노는 RUF를 회유한 거물 정치가와 같은 의사로, 그의 말은 병원 내에서 거의 절대적이라는 하였다. 최근에 닥터 포노는 스스로 수술을 하지 않고 아무런 자격도 없는 간호보조원들에게 제왕절개나 탈장수술 등을 시키면서 돈을 챙긴다는 사실을 알았다.

또한 이곳의 의료 문제점은 수천 년에 걸친 그들의 생활 속에 뿌리 깊이 잠재해 있었다.

그 하나가 전통적으로 이용해 온, 약초를 사용한 의료이다. 이 전통 의료를 담당하고 있는 사람은 이곳 지역 사회에서 중요한 위치에 있는 주술사로, 마을이나 부족 내에서 존경 받는 존재이다. 병에 걸리면 환자들은 우선 그에게 달려가 여러 가지 종교적인 의식을 치루고 마지막에 약초를 받는다.

그것이 한방약과 같이 그런대로 효과가 있으면 좋겠지만, 이 나라에서 시술되고 있는 약초에 의한 치료는 거의 효과가 없다. 효과는커녕, 이러한 유형의 치료에 사용되는 약물은 투구 꽃(일명 바곳)계의 자극적인 약초인 경우가 많아, 환자의 상태를 오히려 악화시키는 경우조차도 있다. 그러나 이렇게 엉터리 치료를 받아도 사람들은 신이 고통을 씻어 주었다고 납득(?)하면서 죽어 간다.

또 하나 '대지의 정령의 은혜'에 관한 문제도 심각하다. 이것은 임산부가 출산 후에 탯줄을 자른 후, 신생아 쪽의 절단 부위를 땅바닥에 대고 비벼 문지르는 관습이다. 탯줄의 절단 부위는 복강(뱃속)과 직접 연결되어 있어서 세균이 묻으면 순식간에 온몸으로 퍼진다. 때문에 소독하여 깨끗하게 다루어야 하는 부분이다. 최악의 경우는 토양 속에 살고 있는 파상풍균에 감염되는 것이다. 신생아가 파상풍균에 감염되면 그 치사율이 90퍼센트를 넘는다.

또한 그들의 지역 사회에는 문화, 풍습, 종교 행사 등을 공유하는 '성인'이 되기 위한 의식이 있어 그것을 통과하지 않으면 어른으로 대접 받지 못한다. 이러한 의식을 '성인식'이라고 한다. 성인식을 통과해야 비로소 지역 사회에서 한 사람의 성인으로 인정받는다. 즉, 많은 친구들을 사귈 수 있고 사회적인 신용을 얻어 결혼할 수 있으며, 일을 맡겨 주고, 종교 행사에도 초청된다. 이러한 성인식을 관리하며 사회 활동의 규범을 만드는 지역 밀착형 문화 관습 단체를 '시크리트 소사이어티'라고 한다.

이 시크리트 소사이어티에 의한 '성인식' 중의 하나로, 여성이 성인이 되는 과정에서 '할례'를 받는 풍습이 있다. 단순하게 말하면 여성 성기의 일부를 잘라 내는 의식이다. 이 의식에는 세 등급(절제 범위의 넓이)이 있어, 제일 가벼운 것은 대음순의 일부를 조금 절단하는 것. 두 번째는 소음순의 일부와 클리토리스를 절제하는 것. 세 번째가 소음순과 클리토리스를 절제한 후 봉합하는 것이다.

이곳 서아프리카의 할례는 그래도 가벼운 편으로, 위 세 가지 가운데 첫 번째와 두 번째가 주로 행해지고 있다고 한다. 세 번째와 같은 심한 성기 절제는 동아프리카의 소말리아 등을 중심으로 행해지고 있다고 알려져 있지만 정확하지는 않다. 왜냐하면, 이 이야기를 꺼내면 여성들이 모두 입을 다물어 버리기 때문이다.

가벼운 할례라고 하나 이 문제는 역시 중대하다. 불결한 수술에 의

해 감염이 잘되는 에이즈와 B형 간염이 만연할 수 있기 때문이다. 또 성기가 절제된 여성은 그 부분이 흉터가 되어, 유착하여 굳어 버린다. 아기가 나올 통로가 좁고 가늘어지며, 딱딱해지는 것이다. 이것은 분만 시간을 지연시켜 그렇지 않아도 높은 임산부 사망률과 유아 사망률을 더욱 높이는 원인이 된다.

주술사들의 전통 의료 문제나, 성인식과 같은 현지의 문화와 풍습은 우리들이 행하고자 하는 서양 의학과 전혀 상반된 요소를 갖고 있어 서로 그 균형을 맞춰야 한다.

서양 의학의 지식을 가진 내가 "그러한 것들은 불결하고 위험하므로 당장 그만두어야 한다."고 말하는 것은 간단하지만, 수천 년을 이어 온 그들의 역사와 문화를 부정하는 꼴이 되어 버린다. 기본적으로 주술사의 존재는 그들의 사회에서 정신적인 지주이며, 사회 체제의 안정을 유지시키는 데 하나의 역할을 담당하고 있다.

성인식도 성인이 되기 위한 의식으로서 모두가 받는 공통의 고통과 같은 것이다. 그것을 함께 받음으로써 친밀한 동료가 된다는 측면이 있다. 이러한 성인식을 통과하지 않으면 남자도 여자도 성인으로 취급받지 못하여 결혼도 할 수 없다. 최악의 경우 마을에서 따돌림을 받게 된다.

어떻게 해야 좋을지는 나도 잘 모르겠지만, 우선 '우리들은 당신들의 문화를 부정하려는 것이 아니며, 다만 이러이러한 것들은 의학적으로 이러이러한 위험이 있기 때문에 이 부분만은 좀 다른 방법으로 하면 좋을 것 같다'고 그들에게 우리들이 갖고 있는 정보를 전해 주고, 전통을 바꿀 것인가는 그들 자신의 선택에 맡기기로 했다.

이렇게 현지의 문화를 공부해 가며 그들과 꽤 친해지고, 이제 머리 따위를 보지 않아도 한 사람 한 사람을 알아볼 수 있게 되었다. 당연한 것이지만 그들도 모두 개성이 있다. 쾌활한 사람과 시무룩한 사람, 성실한 사람과 태만한 사람도 있다. 시에라리온 인이라고 특별히 다른 것이 아니라, 모두 다른 생각들을 가지고 있는 똑같은 사람들이다.

이즈음 나에게는 두 명의 친구가 생겼다. 한 사람은 처음으로 나에게 말을 가르쳐 준 팀보이다. 그는 나의 티무니 어 선생으로 우리들이 살고 있는 MSF 사무실을 지켜 주고 있다.(사실 반쯤 졸고 있지만) 또 한 사람은 진료소의 소장 카를로스로, 나에게는 열대 의학 교사임과 동시에 내 현대 의학의 제자이기도 하다.

엄청난 문화의 차이 앞에서 내가 망설이고 있으면 팀보는 항상 이렇게 말한다.

"괜찮아, 괜찮아, 신에게 빌면 뭐든 들어주신다니까."

내가 피곤한 얼굴을 하고 있으면, 카를로스는 이렇게 말한다.

"토시는 여자를 사귀어야 해. 내가 소개시켜 줄 테니 언제든지 말만 해."

이렇게 그들의 조언(?)을 듣고 있으면 나도 모르게 기운이 솟구쳐 더욱 열심히 해야겠다는 생각이 든다.

이력서

도로시, 46세, 오스트레일리아 여성, 간호사 겸 조산사. 여기서는 그녀가 주인공이다. 마그부라카 병원에 온 지도 벌써 2주일. 건물 보수 공사는 기획 운영 담당자 조셉과 물자 조달 및 운반 담당자 로빈슨 덕분에 빠르게 진행되었다. 허름한 건물은 순식간에 멋지게 변했으며 이제는 일본의 웬만한 시골 병원보다도 훨씬 나은 건물로 탈바꿈되어 있었다.

우리들의 당면 목표는 12월 1일까지 소아과 병동과 산부인과 병동을 개원하여, 주로 5살 미만의 유아와 임산부만을 대상으로 의료 활동을 하는 것이다. 동시에 마그부라카 주변에 몇 군데의 진료소를 설치하여 중환자가 있으면 이곳 마그부라카 병원으로 이송하는 시스템을 구축하는 것이다. 하지만 이런 일들을 원활히 수행하려면 최소한 3명의 의료 요원이 필요하다.

마그부라카의 소아과 병동과 소아과 외래를 모두 담당하는 사람(의사인 나), 주변 몇 곳의 진료소를 돌며 중증 환자를 데려오는 사람(간호사인 메리), 마그부라카 산부인과 병동 외래와 성인 일반 외래를 담당할 사람(미정) 이상 3명이다.

소아과 병동은 가장 바쁜 병동으로, 가령 어린이 입원 환자가 30명 정도 있다고 하면, 3시간마다 한 번은 상태가 급변하여 응급 사태가 발생하고 목숨이 위태로워진다. 이 때문에 병원 전체를 혼자서 모두 관리한다는 것은, 내가 24시간을 일한다 해도 물리적으로 불가능하다.

메리는 주변 5곳의 진료소를 주중에 하루씩 순회할 예정이므로 여유가 없다. 한 달 전에 조셉은 이곳의 이러한 사정을 프리타운의 최고 책임자 레이첼에게 알렸다.

"친애하는 레이첼.

조셉입니다. 이곳 톤코리리 주의 마그부라카 프로젝트에는 아무래도 의료 요원이 한 명 더 필요할 것 같습니다. 조산사 자격을 가진 간호사라면 아주 좋겠습니다. 한 달 안으로 보내 주셨으면 합니다."

이 메시지를 받은 레이첼이 답장을 보내왔다.

"조셉. 안심하세요. 아주 유능한 간호사를 찾았어요. 첨부한 그녀의 이력서를 보세요."

우리들 세 사람은 이 첨부 서류를 열어 보았다. 그런데 거기에는….

"우와!"

우리들은 동시에 환호성을 질렀다. 그 유능한 간호사의 이력서는 터무니없이 엄청난 양이었다.

나는 잠깐 미국에 유학한 경험이 있다. 미국에서는 자신의 경력이 아무리 많아도 이력서는 한 장 정도로 정리하는 것이 상식이다. 길면 그만큼 읽기도 힘들고 어디가 중요한지를 알 수 없기 때문이다.

의학 분야의 연구로 몇 편의 논문을 발표했다고 할 경우, 첫 장에 모든 개인적인 정보를 정리하고 두 번째 장부터는 논문을 열거하는 식이다. 이 역시 기본은 한 장이다.

어찌되었든 북미에서는, 이력서는 읽는 사람을 위하여 한 장으로 정리한다. 그 이상의 매수로 되어 있다는 것은 자신의 경력에서 뭐가 진짜 중요한지를 모르는(정리할 수 없는), 능력 없는 사람으로 취급 받는다. 이력서는 짧을수록 좋은 것이다. 유럽에서도 미국만큼은 아니지만 역시 짧은 편이 좋다고 한다. 기껏해야 2~3장이다. 이보다 긴 이력서는 본 적이 없다.

메리는 미국인이고, 조셉은 캐나다 인이다. 나도 얼마간의 미국 유학 경험이 있다. 때문에 우리 세 사람이 수십 장에 이르는 '간호사' 이력서를 본 것은 태어나서 처음이었던 것이다!

대단한 논문이라도 발표한 사람일 거라고 생각하며, 우리들은 그 여성 '도로시, 46세'의 이력서를 들여다보았다. 그런데 내용은 그게 아니었다. 분량이 많은 것은 그녀 스스로 만든 항목인 '특별 업적'이라는 부분이었다.

거기에는 어느 병원에서 몇 개의 병동을 담당하여 몇 명의 지원을 관리하는 간호부장을 역임하였고, 병동 침상의 환자 점유율은 얼마로, 그녀가 살핀 총 환자의 수는 몇 명이고, 사망률은 얼마만큼 낮았다든가, 직원들을 어떻게 지도하여 병원 운영에 얼마만큼 도움이 되었다든가 등등 미주알고주알 '사소한' 것들이 상세하게 기술되어 있었다.

그녀는 오스트레일리아에서도 꽤 많은 전직을 경험하고서 국제자원봉사의 세계에 발을 들여놓았다.(해외에서는 전직이 많다는 것은 유능하기 때문에 다른 곳에 스카우트되었다는 뜻일 경우가 많다) 이 세계에 들어오고 나서는 당연히 매년 파견되는 나라가 바뀌기 때문에 그녀가 근무한 병원은 벌써 수십 군데에 이르렀으며, 그 모든 병원에서 그녀가 수행한 일들이 모두 적혀 있었다. 이력서가 수십 장에 이르는 것이 오히려 당연했다.

이력서가 긴 이유는 또 한 가지 있었다. 전술한 '특별 업적'에 뒤이어 '추천자'라는 항목이었다. 이것은 영어 이력서를 작성할 때 보통 3명 정도가 필요한데, 대부분은 대학 시절의 교수나 근무한 병원의 상사에게 부탁한다. 그런데 도로시의 경우는 그 수가 엄청났다! 도무지

MSF사무실의 사무 공간

그 수를 셀 수가 없었다. 왠지 훌륭해 보이는 직함과 이름들로 수도 없이 빼곡히 채워져 있었다.

도로시의 명예를 위해 이 정도로 해 두지만, 그녀는 틀림없이 유능한 사람이었다. 그녀의 경력을 찬찬히 읽어 보면 알 수 있다. 다만, 그 엄청난 분량을 읽을 용기가 나지 않는 것뿐이다. 틀림없이 그녀는 대단하다. 국제자원봉사에도 수많은 경험을 가지고 있으며, 간호부장과 같은 상급 관리직의 경험도 많이 갖고 있다.

그렇다고 해도 이렇게나 많이 용케도 썼구나 하는 생각이 들었다. 아마도 그녀는 자신의 경력을 과시하고 싶어 하는 사람일 것이라는 생각에, 우리 세 사람의 첫 인상은 일치하고 있었다.

이 일로 떠들썩했던 그날 밤, 같은 오스트레일리아 출신인 로빈슨이 돌아와서 이렇게 말했다.

"뭐? 이력서가 엄청 길다고? 하하하. 오스트레일리아에서 그 정도는 보통이야. 길면 길수록 회사에서 채용될 가능성이 높아진다고. 우리나라에서는 아주 보통이야 보통."

그랬던 것이구나. 수긍이 간 우리들은 그녀에 대한 마음을 고쳐먹었다. 풍습이 달랐던 것이다. 미국인은 짧은 이력서를 좋아하지만, 오스트레일리아 인은 긴 것을 좋아하는 것이다. 도로시는 역시 유능하고 훌륭한 간호사로 특별히 잘난 체하려는 사람이 아니었다. 우리들은 따뜻하게 그녀를 맞을 마음의 준비를 했다.

10월 하순 어느 날, 도로시는 프리타운을 경유하여 이곳 마그부라카에 왔다. 우리 4명의 멤버와 팀보를 비롯한 현지 요원들이 그녀를 맞았다. 차에서 내린 그녀는 사무실을 한번 죽 둘러보고 다음과 같이

'말씀하셨다'

"호호호.

여러분 잘 부탁해요.

내가 도로시예요. 도 · 로 · 시.

여러분과 달리 난 국제자원봉사의 프로예요.

자, 이제 내가 온 이상 이곳 프로젝트도 안심이네요.

호호호!"

　도로시 스미스. 46세, 여성, 간호사 겸 조산사. 국제자원봉사의 프로라고 한다.

4

동료들과의 거리

영어의 벽

나는 해외 자원봉사를 위해 지금 이곳 아프리카에 있다. 이국에서 생활하다 보면 일본과 달리 여러 가지 불편한 것들이 많다. 이 장에서는 해외에서, 그것도 개발도상국에서 생활하며 느낀 고뇌와 불만들을 소개하겠다.

내가 이 나라에 온 목적은 '어떠한 활동이 정말 이 나라의 미래에 도움이 될 것인가'를 확인하고 싶었고, 나의 방법론이 실제로 현장에서 도움이 되는지를 시험해 보고 싶었기 때문이다.

이러한 나름대로의 확실한 목적이 있었기에 매일매일 일어나는 좋지 않은 일들은 '별것 아닌 일', '사소한 일'로 치부하며 무시하기로 마음먹었다. '그건 분명히 싫은 일이지만 잘 생각해 보면 이렇게 생각할 수도 있겠구나, 오히려 그게 좋은 생각일지도…' 하고 생각을 고쳐먹는 습관을 갖는 것이다. 이렇게 정신의 균형을 스스로 맞춰 가는 거야 하며. 표면적으로는 이 정도로 해 둔다. 하지만 역시 거부감이 드는 일들은 얼마든지 있다!

영어

가장 힘든 것은 역시 영어이다.

나는 일본 사람으로서는 꽤 한다고 생각하지만, 역시 완벽하지는 않다. 네이티브 스피커(Native Speaker: 영어가 모국어인 사람)와 대화를 나눌 때에는 아무 문제가 없지만, 그들끼리의 대화를 옆에서 듣고 있으면 도대체 무슨 말을 하는지 알아들을 수가 없다. 특히 여러 명이서 토론이라도 하면 겨우 절반 정도 알아듣는 정도이다.

이 때문에 격렬한 토의나 식사 때와 같은 농담이 많은 자리에서는 외톨이(?)가 되어 버린다. 알아듣지는 못해도 좋은 대인 관계를 유지한다는 생각으로, 우스개 얘기를 하고 있는 것 같으면 따라 웃어 주며 장단을 맞춘다. 파김치가 되어 돌아와 저녁 식사와 같이 편안해야 할 시간조차 마음을 써 가며 한 시간 가량을 맞장구치며 웃는 일은 정신적으로 상당히 고통스러운 일이다.

하지만 이러쿵저러쿵 혼자 고민을 해 봤자 뾰족한 수도 없기 때문에 좋은 쪽으로 생각하기로 마음먹었다. 만약에 내가 영어를 그들만큼 잘한다면 그들의 이야기를 잘 알아들어 즐거운 일도 많아질지 모르지만, 싫은 일도 그만큼 많아질 것이라고 생각해 버린다.

영어가 유창하면 재미있는 얘기도 많이 해 줄 수도 있지만, 사람들이 싫어하는 말이나 무심코 기분 나쁜 말들도 내뱉을 가능성이 많아진다. 하지만 나는 영어권 국가 출신이 아니기 때문에, 지금까지 무심코 내뱉은 나의 실언에 대해서 틀림없이 모두들 그냥 웃어 넘겼을 가능성이 크다. 이렇게 생각하면, 영어가 완벽하지 않은 것도 그렇게 나쁘지만은 않다는 생각이 드니 참으로 이상한 일이다.

더욱 참담한 이야기도 있다. 전에 아내는 MSF 프로젝트로 스리랑카와 이란(아프간 난민 진료소)에 파견된 적이 있다. 그곳에서 아내도 나와 마찬가지, 아니 나 이상의 일을 겪었다고 한다.

나의 침실

MSF 프랑스의 프로젝트는 반 이상이 프랑스 인으로 구성되는 경우가 많다. 그들은 식사 시간은 말할 나위도 없고, 일과 중에도 프랑스 어로 이야기한다. MSF 프랑스도 국제 NGO 단체 중의 하나이기 때문에 프랑스 어를 모르는 사람이 있으면 당연히 국제 공용어인 영어를 써야 한다. 그런데 MSF 프랑스에 참가하고 있는 프랑스 인들은 외국인들을 전혀 배려하지 않고 자기들이 쓰기 편한 프랑스 어를 사용하는 것이다. 이것은 내 아내뿐만이 아니라 많은 일본인 의사나 간호사가 경험한 것으로, MSF 프랑스의 가장 큰 문제점이라고 생각한다.

하지만 이러한 상황을 개선할 방법이 아주 없는 것도 아니다. 아내는 나보다 '욱' 하는 성격으로 두 번째 파견지였던 이란에서 프랑스 인들이 프랑스 어를 쓰면,

"날 무시하고 프랑스 어를 쓰지 마세요. 일이 제대로 되지 않잖아요! 식사나 일이 아닐 때에도 쓰지 않았으면 해요. 내 정신 건강에 아주 안 좋으니까."

하고 불만을 털어놓았다고 한다. 이것이 그런대로 효과가 있었던지, 이후 프랑스 인이 아내 앞에서 프랑스 어를 쓰는 일은 많이 줄었다고 한다.(아주 안 쓸 수는 없었던 모양이다)

아무튼 외국어는 일본인으로서 아주 큰 벽이다.

설사

이것도 앞서 말했듯이, 이곳 아프리카에 와서부터 일과가 되다시피 하고 있다.

원인을 생각해 보니 몇 가지의 가능성이 있었다. 물이 맞지 않을 가능성과 뭔가에 의한 세균성 설사, 아니면 열대 지방 특유의 기생충에 의한 설사일 수도 있다.

당초 나는 물이 원인이라고 생각했다. 그 이유는 정말 하루도 빠짐없이 설사를 했기 때문이다. 서아프리카의 물은 황산칼슘과 황산마그네슘이 녹아 있는 경수(硬水)이다. 때문에 이러한 물질이 들어 있지 않은 연수(軟水)를 마시는 일본인은 대부분의 사람이 설사를 한다. 물을 의심한 나는 우물물을 끓인 후 필터로 여과시켜, 칼슘과 마그네슘 침전물을 제거하는 방법을 썼지만 전혀 효과가 없었다.

다음으로 생각한 것이 열대 지방 특유의 기생충에 의한 설사였다. 여러분은 별로 들어 보지 못했으리라 생각되지만, 이 나라에는 '아메바성 적리(赤痢:이질의 한 종류)'나 '램블 편모충'과 같이 장에 붙어 사는 원충이나 구충, 회충 등 기생충에 의한 설사가 만연되어 있다. 내가 매일 대하는 환자들도 이러한 질환에 시달리고 있다. 때문에 나도 모르게 그러한 질병이 옮았을 가능성이 충분히 있었다. 나는 이러한 기생충에 잘 듣는 약을 먹어 보기로 했다. 결과는… 소용없었다. 부작용인 어지럼증과 구토 증세는 확실하게 나타났지만 정작 설사는 전혀 낫지 않았다.

이렇게 하여 마지막으로 생각한 것이 일본에서도 많이 발생하는 세균성 설사이다. 이것은 보통의 항생제를 먹으면 그만이다. 하지만 개발도상국에서 일반적으로 사용하고 있는 코트리목사졸(ST합제)이라는 약은 최근 약물 남용으로 내성화되어 효과가 없다. 이 때문에 시프로플록사신(일명 시프로)이라고 하는, 개발도상국에서 사용하는 약으로서는 아주 비싼 약을 투여했다.

그랬더니 거짓말처럼 깨끗이 나아 버렸다. 그 후로도 나는 정기적으로 설사를 일으켰지만, 무조건 이 약을 먹으면 적어도 얼마간은 설사가 멈췄다. 역시 공부한 대로 의학의 기본(세균성 설사의 치료)에 충실하는 것이 중요하구나 하고 생각했다.

차멀미

마일91에서는 이것이 가장 큰 문제였다. 차멀미가 있는 내가 매일같이 12시간씩 차를 타야만 했기 때문이다.

일단 내 나름대로 강구한 대책을 소개한다. 차멀미를 않기 위해서는 스스로 운전하는 것이 가장 좋다. 하지만 파견 요원은 MSF의 규정에 따라 원칙적으로 운전할 수가 없다. MSF 프로젝트 참가자가 해외에서 사망하는 가장 큰 원인이 교통사고이기 때문에 이러한 규정이 만들어졌다. 이 방법을 쓸 수 없는 나는 고육책으로 운전수의 바로 뒷좌석에 앉아 운전수 바로 머리 위에서 자동차 앞에 펼쳐진 풍경을 바라보며, 머릿속으로 내가 운전하고 있다는 기분이 들도록 했다. 이 방법은 그런대로 쓸 만했다. 이 방법을 쓴 덕분에 멀미를 하기는 했지만 구토까지는 가지 않았다. 멀미가 있는 분이라면 여러분도 한번 써 보면 어떨지.

팀 프로그램

시에라리온은 나의 첫 번째 국제자원봉사 프로젝트 경험이었기 때문에, 처음 한 달 정도는 얌전히 지내며 현지의 일하는 방식을 습득하고자 했다. 우선은 전임자와 같은 방법을 쓰기로 한 것이다. 처음 마일91에 있었던 사람은 메리와 로빈슨뿐이었기 때문에 그들의 방식을 따르기로 마음먹었다. 참고로 조셉은 나와 같은 날 시에라리온에 왔다.

마일91에서 메리에 대한 첫 느낌은 '뭐든 척척 해내며 무슨 일이든 자기가 스스로 결정하는, 일 잘하는 간호사'였다. 그러나 얼마 안 있어 알게 된 메리는 아주 변덕스럽고 기분도 쉽게 변해, 그때마다 현지 요원들이나 우리 파견 요원들이 휘둘린다는 것이었다.

메리가 제멋대로 "이 환자는 위급하니 오늘 모얌바에 데리고 갈게" 하고 말하는가 싶더니, 10분 후에는 "역시 안 되겠어" 하는 식이다. 주위에 있는 사람들은 모얌바로 가기 위해 통신용 라디오로 각지의 안전을 확인하고, 수송하기 위한 자동차를 수배하고, 수혈을 위한 도너(헌혈할 사람)까지 찾기 시작한다. 그런데 그녀의 기분에 따라 간단하게 "중지!"해 버리는 것이다. 이래서는 도저히 참을 수가 없다. 벌써 도너를 찾아 마을을 분주하게 뛰어다니고 있을 병원의 현지 요원들에게 할 말이 없어진다.

이곳에 온 지 얼마 되지는 않았지만 나도 여기에는 참을 수 없어 단호히 말했다.

"메리! 한번 계획을 잡으면, 별다른 이유도 없이 맘대로 바꿔서는 곤란해. 병원의 요원들은 당신 지시를 받아 이미 행동에 돌입했기 때문에, 갑자기 중단해 버리면 모두들 난감해진다고. 일을 그렇게 하면 어떻게 해. 게다가 나는 환자와 그 어머니에게 지금부터 모얌바로 갈 거라고 설명까지 했단 말이야. 이미 친척들까지도 와 있다고. 환자들도 이미 마음의 준비를 하고 있는데, 갑자기 이렇게 취소해버리면 나보고 어떻게 하란 말이야. 이건 환자에게 아주 큰 결례야."

첫 프로젝트인데다가 온 지 얼마 되지도 않고, 영어도 네이티브에게는 당해낼 수 없다는 이유에서, 당초 나는 '양'처럼 있으면서 무엇이든 메리의 의견에 따랐지만, 이 일을 계기로 나의 의견을 개진하기 시작했다. 최종적으로 MSF의 톤코리리 주 의료 지원 전체에 대한 책임은 내가 지도록 되어 있다.

익숙해질 때까지 '양'처럼 있는 것은 역시 중요하다. 그렇게 하지 않으면 모두가 싫어하는 사람이 되어 버린다. 하지만 끝까지 '양'으로 있으면 자기 의지도 없는 바보로 취급 받는다. 이러한 균형을 맞추는 것은 대인 관계를 만들어 가는 데 아주 중요하다. 나의 경우 처음 한 달은 '양'으로, 두 번째 달부터는 조금씩 의견을 개진하기 시작해, 세 번째 달부터는 완전하게 주도권을 잡아 가기 시작했다.

아무튼 이렇게 팀 균형을 유지하였지만, 도저히 융합이 잘 안 되는 경우도 있다. 메리와 로빈슨이 그러한 관계였다. 기본적으로 물자 조달 및 운반 담당자는 의료 요원들에게 잡일 담당이라고 생각되기 쉽다. 한 마디로 혹사당하는 것이다. 예를 들면, 어느 날 심한 화상을 입은 환자가 왔다고 치자. 이에 놀란 메리가,

"가제를 있는 대로 가지고 와!"

하고 로빈슨에게 라디오로 외친다. 로빈슨은 서둘러서 갖다 준다. 그리고 로빈슨은 사무실로 돌아간다. 곧바로 메리가 화상용 연고를 잊었다는 것을 알아차린다. 그래서 다시 로빈슨을 호출한다. 이것이 몇 차례 반복되면 로빈슨의 얼굴이 달아오르기 시작하고, 결국 싸움이 되는 식이다.

의료 요원과 물자 조달 및 운반 담당자 사이의 문제는 다른 상당수의 팀들도 겪는 일로, 그리 간단히 개선되지는 않는 듯싶다. 이런 싸움으로 인하여 간호사나 물자 조달 및 운반 담당자 어느 한쪽, 또는 두 사람 모두가 귀국해 버린 경우를 나는 몇 건인가 알고 있다.

6개월간의 프로젝트를 중도에서 좌절하며 포기하는 가장 큰 이유는 팀 균형, 즉 대인 관계이다.

식사

식사는 맛이 없다. 억지로 겨우 먹는 정도다. 왜 그런지 곰곰이 생각해 보니, 가장 큰 이유는 메리가 미국인이기 때문이다. 일반적으로 미국인과 영국인은 미각에 둔해, 형편없이 맛없는 것도 태연하게 먹는다. 이것은 나의 편견이 아니라 세계적으로 널리 알려진 사실이다. 게

다가 메리와 조셉 이 두 사람은 채식주의자였다. 하지만 나는 이들 앞에서,

'고기가 먹고 싶어!'라고는 말하지 않기로 했다. 일본을 떠나기 전부터 사생활은 철저히 배제하기로 작정했기 때문이다.

그들은 이쪽에서 가만히 있으면 전혀 신경을 써 주지 않는다. 일본인처럼 조용히 신경을 써 주는 그러한 국민성이 아니다.

아무튼 먹지 않으면 쓰러지든가 죽기 때문에 먹는 것도 일이라고 생각하며 밥이나 감자, 빵 등을 입 속에 밀어 넣고 물로 넘겨 버린다. 기본적으로 탄수화물 위주의 식사이다. 때문에 나는 아내가 보내 주는 하루 2알이 적정량인 비타민을 10알 정도를 먹으며 버텼다. 식사가 불만일 때마다 이것을 먹으며,

"이것만 먹으면 괜찮아, 괜찮다고!"

카사바 잎을 뿌린 밥

하고 스스로에게 최면을 걸었다. 이러한 자기최면이 나를 지탱시켰는지도 모른다. 더구나 지용성 비타민인 A, D, E, K는 과다 복용으로 인한 중독증이 있어 건강에는 그다지 도움이 되지 않는다. 여기서 말하고자 하는 것은 단지 정신적인 효과뿐이다.

말라리아 예방약의 부작용

여기 시에라리온에는 수많은 질병이 있다. 이를 예상하고 일본을 나오기 전에 여러 종류의 예방 주사를 접종했다. 하지만 세상에는 예방 접종이 없는 질병도 수없이 많다. 말라리아도 그중 하나다. 하지만 말라리아는 몇 가지의 예방책이 개발되어 있다. 우리들 파견 요원이 사용하는 것은 매일 복용해야 하는 독시사이클린과 매주 한 번만 복용하면 되는 메프로킨이 있다. 이 두 가지 중에서 어느 쪽을 복용할 것인가는 본인의 선택에 달려 있다. 사생활에서는 아주 게으름뱅이인 나는 일주일에 한 번만 먹으면 되는 메프로킨을 택했는데, 이것이 좋은 선택이었는지 나쁜 선택이었는지….

메프로킨은 악몽이나 감정의 불안정과 같은 정신적인 부작용이 있다. 그 때문이었는지 아니면 단지 정신적으로 피곤했기 때문이었는지는 알 수 없으나, 나는 수많은 악몽을 꾸었다. 모기가 떼 지어 습격해 오는 꿈이나, 피부병이 온몸에 퍼지는 비참한 꿈도 꾸었다. 이럴 줄 알았으면 좀 귀찮아도 독시사이클린으로 할 걸… 하는 생각도 들었지만, 독시사이클린은 메프로킨에 비해서 그 효과가 의문시된다는 이야기가 있어서, 나는 말라리아에 걸려 쓰러지는 것보다는 낫다고 생각하며 열심히 메프로킨을 먹었다.

세면

시에라리온에는 수도 프리타운을 제외하고는 상수도가 없다. 때문에 손을 씻는 것도 큰일이다. 우물에서 물을 길어 2백 리터들이 탱크에 넣어 두고, 거기서 물을 떠 손을 씻는다. 하지만 불행히도 내가 부임한 시기는 건기였다. 때문에 우물물이 감소하여 물을 충분히 쓸 수도 없었다. 그래서 손이 더러워져도, 나는 물론이고 모두들 그냥 그대로 지낼 때가 많다. 이것은 내게 상당히 참기 힘든 것 중의 하나였다.

강에서 세탁과 몸을 씻는 사람들. 하지만 강에는 기생충들의 유충이…

현지인들은 용변을 마친 후, 물이 들어 있는 주전자를 오른손에 잡고 자신의 엉덩이에 물을 뿌린다. 그리고는 왼손으로 항문 주변을 문질러 닦는다. 그런 다음, 주전자에 남은 물로 왼손을 씻어낸다. 하지만, 이것은 물이 충분할 때의 이야기이다. 물이 부족하면 마지막에 왼손을 씻을 여유가 없다. 결국 모두들 항문을 문지른 손을 씻지도 않은 채로 생활하게 된다.

나는 매일 수많은 사람들과 악수를 한다. 병원의 요원들도 일반인들도 있다. 그들 중 절반 이상은 위와 같은 이유로 손을 씻지 않고 있다고 생각된다. 이 나라 사람들의 99퍼센트 이상은 장 내에 기생충을 가지고 있으므로 그들의 손에는 그러한 기생충들이 수없이 붙어 있다. 그중에서도 구충[1]과 만손주혈흡충[2]은 인간의 피부에 달라붙는 것만으로도 피부를 관통하여 침입할 수가 있어 손이 입에 접촉하지 않아도 감염될 가능성이 있다.[3]

매일 수십 명의 사람들과 악수를 할 때마다 얼굴은 웃으면서도 마음속으로는 등골이 오싹해진다. 국제자원봉사을 하는 이상 현지인들과 좋은 대인 관계를 쌓아 가는 것은 필수적이다. 때문에 악수를 피할 수는 없다. 하지만 많든 적든 이것이 자신의 건강과 생명을 좀먹어 가는….

---

[1] 구충은 인간의 장에 살면서 영양분을 빨아 먹으며 빈혈을 일으킨다.
유충 시절에는 땅속에 살면서 맨발로 생활하는 현지인들의 발을 통해 감염된다. 특히 피부가 얇은 어린아이들이 감염되기 쉽다.
[2] 만손주혈흡충은 인간에게 간경변을 일으켜, 감염된 후 10년 정도가 지나면 죽음에 이르게 할 수 있는 아주 위험한 감염균이다.
유충은 '드릴'과 같은 모양으로, 회전하면서 인간의 피부를 관통할 수 있다. 물 속뿐만이 아니라 습한 지면에서도 감염된다고 알려져 있다.
[3] 이 나라에는 의무교육이 없기 때문에 사람들은 이러한 사실을 전혀 모르고 있다.

이러한 수많은 갈등을 마음속에 품으며 마그부라카 병원의 재건을 계속했다. 아직은 아니지만 완성된 그 모습을 상상하면서.

저마다의 이유

메리 "데려갈 거야!"

도로시 "안 돼."

메리 "화요일에 데려갈 거란 말야!"

도로시 "안 된다면 안 돼."

메리 "카를로스하고 팀보가 필요하단 말야!"

도로시 "안 된다니깐. 시스템이 깨져 버린다니까."

메리 "뭐가 안 된다는 거야! 마일91에 이어서 붐부나에 진료소를 만들기 위해서라도, 우선 이동 진료소를 만들고 싶단 말이야!"

도로시 "그렇더라도 카를로스와 팀보를 데려가는 건 안 돼. 카를로스는 마그부라카 병원의 외래와 소아과 병동 진료에 필요하고, 팀보는 우리 사무실 경비를 해야 한단 말이야."

메리 "하루쯤은 괜찮잖아!"

도로시 "안 된다면 안 되는 줄 알아. 게다가 매주 화요일에 할 거잖아? 그게 하루로 끝날 일이 아니잖아. 두 명씩이나 인원을 뺄 수는 없어."

메리 "그럼 나보고 어쩌란 말이야?"

도로시 "내가 어떻게 알아. 스스로 잘 생각해 보는 것이 어때?"

메리 "본부에서 이 주변에 진료소 다섯 곳을 만들라고 지시했잖아!"

도로시 "그럼 프리타운에 가서 현지인 정규 간호사를 찾아서 데려오든지."

메리 "뭐라고? 찾을 수 있을 거라고 생각해?"

도로시 "그럼 포기하면 되겠네."

메리 "…!"

톤코리리 주의 도로지도. 중심인 마그부라카에는 주립 중앙종합병원이 있다. 마일91, 마소코, 마라마라, 붐부나, 벤두구에는 진료소를 건설할 예정. 마케니는 인접한 봄바리 주의 주도(州都).

도로시 "시스템을 붕괴시키면 이곳 마그부라카까지도 제 기능을 할 수가 없다고. 안 되면 할 수 없는 거야. 그것뿐이야."

메리 "으으, 이 멍청한 여자가!"

도로시 "뭐 뭐라고, 지금 뭐라고 했어!?"

메리 "뭐라는지 모르겠어? 이 노처녀야!"

도로시 "당신도 마찬가지야."

메리 "뭐라고 이 늙어서 쫓겨 온 여자야!"

도로시 "뭐, 뭐라고! 이 주름살투성이 아줌마가!"

메리 "야! 그 여우같은 눈 화장 좀 그만해!"

도로시 "당신이야말로 일광욕할 때 약이나 좀 발라! 그러니 인디언하고 헷갈리지!"

메리 "☆★☆★☆★☆★☆★☆★!!"

도로시 "☆★☆★☆★☆★☆★☆★!!"

(네이티브끼리의 싸움이므로 우리들은 알아들을 수가 없다. 그 후에도 싸움은 한참 동안 계속된다.)

메리 "헉 헉. 토, 토시는 어떻게 생각해?"

도로시 "그, 그래. 토시는 어떻게 생각해? 당신은 의료팀의 리더잖아? 시스템을 무너뜨릴 수는 없잖아?"

토시 "…."

메리 "어때?"

도로시 "어떻게 생각하냐고?"

토시 "그게 저…, 우선 프리타운에 메일을 보내서 쓸 만한 사람이 없는지 물어보도록 하죠."

메리 "그러면, 다음주까지 맞출 수가 없단 말이야!"
도로시 "그러니까 포기를 해야지."
토시 "난 다음주부터 꼭 하고 싶단 말이야."
도로시 "별 의미가 없어."

 이런 말다툼이 우리 팀에서는 매일매일 펼쳐진다. 솔직히 말해 나는 도로시가 항상 옳은 것 같다. 그녀는 시스템을 중시하는 타입이다. 뭐든지 우선 저질러 놓고 보자는 메리의 생각은 팀 전체의 운영에 심각한 차질을 부르기 때문이다.
 하지만 그와는 별도로, 나는 의료팀의 리더로서 대인 관계의 조정도 고려해야 한다. 도로시가 옳다고 생각하여 메리를 항상 부정하면, 그녀가 주눅이 들어서 자기 나라로 귀국해 버릴 수도 있다. 마그부라카 주변에 설치 할 다섯 곳의 진료소를 운영하려면 그녀는 꼭 필요한 인재이다. 메리는 방랑벽이 있는 떠돌이여서 이곳저곳을 돌아다녀야 하는 이러한 일에는 안성맞춤인 사람이었다.
 또한, 그녀와는 내가 시에라리온에 온 이래 죽 같이 지냈고, 함께 지낸 시간도 가장 길다. 때문에 나름대로 서로 간에 우정도 있다.
 어떠한 우정이냐 하면, 네이티브끼리의 대화를 알아듣지 못해 내가 곤란해 하고 있으면, 꼭 내 옆으로 다가와 말을 해 주곤 했다. 지금 나누고 있는 대화의 내용을 요약해서 설명해 주는 것이다. 이것이 메리의 메리다운 면으로, 자기 하고 싶은 대로 하며 일을 뒤죽박죽으로 만들기도 하지만, 곤란을 겪고 있는 사람을 그냥 내버려 두지 않는다.
 좋은 친구로서 누가 뭐라고 해도 나를 성원해 주었다. 그녀 덕분에

마을의 대가족

네이티브끼리의 엄청나게 빠른 대화 내용을 그나마 간신히 파악할 수가 있었고, 이럭저럭 프로젝트를 수행해 나갈 수 있었던 것이다.

그럼 이쯤에서, MSF에 참가하는 사람들의 다양한 참가 이유를 소개하고자 한다. 메리와 같이 단순히 여행을 좋아하고 방랑벽이 있어 세계 곳곳을 돌아다니는 것을 좋아하는 사람. 도로시와 같은 국제자원봉사의 전문가로서 활동하는 사람. 나와 같이 자신의 이상을 추구하며 참가하는 사람 등 저마다의 이유가 있다.

생각나는 대로 간단히 정리해 보면 대충 다음과 같을 것이다.
① 여행을 하며 세계 각지를 돌아다니는 것을 좋아함. 여비는 참가 단체에서 제공함.

② 개발도상국(또는 전쟁 중인 나라)에 흥미를 갖고 있고 그러한 곳에 가고 싶음.

③ 하고 싶은 일을 자기 나라에서 찾을 수 없어 꿈을 찾아 참가함.

④ 보통의 샐러리맨이 불가능하고 자기 나라의 사회에 적응하지 못함.

⑤ 사회에서의 실패, 가정이나 연애 문제 등 과거의 굴레에서 벗어나고 싶음.

⑥ 단지 자유분방한 성격. 약간이지만 돈도 받으며, 세 끼 식사와 잠자리가 공짜임.

⑦ 연애를 아주 좋아하며 외국에서 애인을 찾아 성 생활을 만끽할 수 있을지도….

⑧ 영어 회화 연수, 프랑스 어 회화 공부가 될 것 같음.

⑨ 깊은 생각은 없고 단지 좋은 일을 좀 해 보고 싶음.

⑩ 국제자원봉사이나 NGO라는 말을 매스컴에서 듣고 멋지게 보일 것 같아 참가함.

⑪ 스스로 자신이 대단한 사람이라고 생각할 만한 경험을 해 보고 싶음.

⑫ 종교적인 신념에서, 선교사와 같은 활동을 해 보고 싶음.

⑬ 순수하게 인도적인 원조에 관심이 많음. 진심으로 사람들을 도와주고 싶음.

⑭ 국제자원봉사의 세계나 그 방법론(학문), 시스템 구축, 그 철학에 흥미가 있음.

⑮ 장래 WHO 등에 취업하고 싶어 MSF의 이력이 갖고 싶음.

⑯ 장래 스스로 독자적인 NGO를 만들고 싶기 때문에, 사전에 경험과 정보를 수집하고 싶음.

어느 이유도 정당하며, 옳은 것도 그른 것도 없다. 훌륭한 이유도 저속한 이유도 없다. 인간은 자신이 하고 싶은 일을 하는 존재로, 그것이 '사람들을 돕는 것'이든 '자기가 하고 싶기 때문에 하는 것'이든 어느 쪽도 자기만족이라면 자기만족인 것이다.

국제자원봉사에 참가하는 사람들은 일반인들이 보면 많든 적든 '특이한 사람'들이 많고 그 특이한 사람들로 구성된 사회에서 겉만 번드르르한 말을 해 봤자 아무 소용없다.

MSF 전체를 보면, 단순히 여행을 좋아한다든가, 약간의 좋은 일을 해 보고 싶다든가 하는 '가벼운' 이유로 참가하는 사람들이 훨씬 더 많다. 이런 사람들은 현대 문명이 전혀 미치지 않는 곳에서도 적응력이 뛰어나, 이상은 정열에 불타고 있지만 현지 생활에 적응하지 못하는 사람들보다도 훨씬 소중하다.

높은 이상을 가진 사람들은 현지에서 현실과 이상의 차이에 실망한다든가 또는 높은 이상 때문에 다른 요원들과 논쟁이 붙어 중도에 돌아가 버리는 경우가 많다.

그럼 나는 어떤가. 나는 ⑭에 해당하는 '의미 있는 국제자원봉사이란 어떠한 형태일까?' 하는 것을, 비교적 순수하게 학문적으로 알고 싶어서 이 세계에 발을 들여놓았다. 물론 이 외에도 자그마한 이유들이 조금씩 있다.

아마 다른 사람들도 여러 가지 이유가 뒤섞여 참가하고 있으리라 생각한다. 사람은 누구에게나 다면성이 있어 완전히 좋은 사람도 없지만, 완전히 나쁜 사람도 없기 때문이다.

사랑에 빠진 요원

하늘이 붉게 물들어 가면, 그는 파란색 기타를 퉁기면서 노래를 부르기 시작한다.

라~라라라~라라라~라라라~.

오스트레일리아 출신인 그가 부르는 노래가 무슨 곡인지는 모른다. 다만, 그 슬픈 음색이 쇼팽의 '이별곡'과 비슷하다. 물자 조달 및 운반 담당자 로빈슨은 매일 석양이 물들 때가 되면 MSF 사무실 옆의 콘크리트 마루에 앉아 이상한 파란색 기타를 끌어안고 하늘을 향해 노래하기 시작한다.

나도 남자이기 때문에 그가 잘 생겼는지는 잘 모르겠다. 하지만 비교적 키가 크고 블랙유머를 좋아하며, 노래를 부르면 한 폭의 그림이 되는 그는 이곳 시에라리온에 파견된 수많은 MSF의 여성 요원들과 염문을 뿌렸다. 그렇다고 플레이보이 같지는 않고, 들리는 말에 의하면 여성들이 그를 가만히 두지 않는 모양이다.

로빈슨에 대한 나의 인상은, 그의 말이 알아듣기가 아주 어렵다는 것이다. 로빈슨의 목소리는 상당한 중저음으로 분명치 않은 목소리를 낸다. 때문에 영어 운운하기 전에 우선 알아듣는 것조차 애를 먹는다. 어쩌면 이 중저음의 목소리가 여성들에게 매력을 느끼게 하는지도 모른다.

로빈슨은 대화를 나눌 때 블랙유머를 즐겨하는데, 본심을 숨기기 때문에 그가 진심으로 말하는 것인지 농담을 하는 것인지 정확히 알 수가 없다.

이것은 나뿐만이 아니라 네이티브 스피커를 포함한 파견 요원들 대부분이 공통적으로 느끼는 점이다. 한마디로 목소리는 낮고 얼굴색 하나 바꾸지 않고 농담을 하기 때문에 뭐라고 대꾸하기가 어렵다.

하지만 그의 이런 면이 오히려 매력적이었는지도 모른다. 그의 수수께끼 같은 말이 이상한 파란색의 기타와 어울리며 독특한 분위기를 자아내는 것이다.

그러던 어느 날 일이 터졌다. 갑자기 로빈슨의 소식이 끊긴 것이다.

그날 밤 오후 7시가 되서도 MSF 사무실(겸 주거지)에 돌아오지 않는 그를 우리들은 당연히 걱정했다. 특히 팀의 안전 관리를 담당하는 조셉의 걱정은 심각했다.

고주파 라디오로 그의 이름을 불러 보았지만 아무런 대답이 없었다. 그가 사용하던 자동차에 달린 통신용 라디오를 써 봐도 마찬가지였다. 현지 요원들도 누구 하나 그의 행방을 아는 이가 없었다.

이것은 어떤 의미에서 심각한 긴급 사태였다. 물자 운반 담당인 그가 자동차에 탄 채로 반군에게 습격당해 납치되었을 가능성도 배제할 수 없는 것이다. 조셉은 프리타운의 레이첼에게 보고할 것인지 말 것인지 망설이다가, 먼저 인접 마을에 있는 또 다른 MSF 팀에게 물어보기로 했다. 혹시나 어떤 정보가 있을지도 모른다는 생각에서.

그런데…, 그곳에 있었다!

그 마을의 담당 간호사에 의하면, 로빈슨은 몸 상태가 좋지 않아 침대에 누워 있다고 했다. 상태가 호전될 때까지는 당분간 그쪽 MSF 사무실에 있겠다는 것이다. 들어 보니 상태가 그리 심각하지는 않은 듯, 단지 몸에 열이 있어 발진이 나고 나른한 것이라고 한다. 그런데 이 이야기에는 기본적으로 모순이 있었다. 상태가 그 정도라면 마그부라카에 돌아오면 그만이다. 그럴 상황이 아니라고 해도, 적어도 본인이 직접 연락이라도 해 주면 좋을 것을… 하고 우리들은 생각했다.

하지만 한때 반군에게 습격당해 납치라도 당했을까 봐 걱정했으니, 그와 비교하면 별 큰일도 아니었다.

"자 그럼 로빈슨을 잘 부탁합니다."

간호사에게 부탁하고 통신을 끊었다.

하지만 그 후 일주일이 더 지났는데도 로빈슨은 돌아오지 않았다. 본인에게서 연락도 없었다. 물론 우리들도 이상하게 생각하여 가끔씩 그에게 연락을 취해 보려고 했다. 그러던 중 뜻밖의 새로운 정보가 들어왔다. 그 마을에 있는 파견 요원 중의 누군가와 사랑에 빠졌다는 것이었다. 아마도 지금까지 그 애인의 방에….

MSF의 헌장에 '연애를 해서는 안 된다' 고 써 있지도 않으며, 따라서 누가 누구와 사귀든 전혀 문제될 것은 없다. 현장에서 여러 가지 남녀 문제가 생기는 것은 일상다반사이다.

하지만 이번 경우에서 용서할 수 없는 것은 로빈슨이 자신의 상관인 조셉에게 연락도 하지 않고 인근 마을로 사라졌고, 중증이 아닌데도 연락조차 하지 않은 사실이다. 파견 요원의 안전을 유지하는 것은 의료 봉사활동이나 연애보다도 훨씬 우선되어야 하며, 결코 용서 받을 수 있는 행동이 아니다. 이 상황에서는 그렇게 온화하던 조셉도 격분했다.

이 일이 있은 지 며칠 후, 로빈슨은 시에라리온을 떠났다. 표면적으로는 그의 임기가 거의 끝나 가고 있었기 때문이었지만, 이 일과 관련되어 있음은 명백했다. 송별회에서 그는 언제나처럼 이상한 파란색 기타를 튕기며 '이별곡'과 비슷한 노래를 불렀다.

라~라라라~라라라~라라라~.

그리고 기념으로 그 기타를 남겨 놓고 오스트레일리아로 돌아갔다.

그 후 얼마 안 있어 새로운 물자 조달 및 운반 담당자가 부임했다.

"하하하. 난 조나단이야. 잘 부탁해."

31세, 남성, 네덜란드 인이다. 취미는 유도와 보디빌딩 등. 호쾌한 성격으로 완전히 근육질이다. 이 조나단이 사무실에 놓여 있던, 로빈슨이 남겨 놓고 간 파란색 기타를 보더니,

"어, 기타네. 나도 좀 칠 줄 아는데 한번 쳐 볼까."

그는 사무실 앞의 콘크리트 마루에 자리를 잡고 앉아, 쾌청한 하늘 아래에서 기타를 튕기며 노래를 불렀다.

라~랄랄라~라~랄랄라~.

조나단의 연주는 밝고 경쾌하여, 애수에 젖어 있던 로빈슨의 연주를 떠올릴 일은 더 이상 없을 듯했다.

그런데 이 조나단, 성격이 호쾌한 것은 좋은데 안전에 대한 의식이 상당히 낮았다. 그가 부임한 지 한 달도 채 되지 않아 문제가 생겼다.

언제 또다시 내전이 시작될지 모르는 이 나라에서 요원들은 통신용 라디오를 휴대하고 항상 운전수가 딸린 자동차를 타고 움직여야 한다.

11월의 어느 날.

조셉과 나는 같은 차로 수도 프리타운에서 열리는 회의에 참석하러 갔다. 주말을 이용한 2박 3일의 일정이었다. 이 때문에 마그부라카에 있는 나머지 세 명의 파견 요원이 사용할 수 있는 차는 한 대뿐이었

파란색 기타

다. 그런데 그 날 오후 7시경, 조나단은 운전수와 함께 자동차를 가지고 인근 마을로 놀러 가 버렸다. 자기 혼자서!

이것이 얼마나 중대한 일인지 알고 계신지?

그는 세 가지의 중대한 과오를 범했다.

첫째, 그가 한 대밖에 없는 자동차를 가지고 운전수와 함께 외출해 버렸기 때문에 남아 있는 메리와 도로시는, 만일 그날 밤 긴급한 상황이 일어나도 현지에서 탈출할 수 없다. 이것은 안전을 중시하는 MSF로서는 절대로 일어나서는 안 되는 일이다.

둘째, 현지에서는 파견된 여성 요원들을 대상으로 한 강간 사건이 종종 일어난다. 때문에 밤에는 사무실에 항상 남성 파견 요원을 함께 배치하도록 하고 있다. 여성들만 있는 사무실은 강간 사건이 발생하기 쉽다. 이날 밤 마그부라카에는 여성 요원들밖에 없었다.

셋째, 야간 외출은 기본적으로 금지되어 있다. 오후 6시 이후에는 MSF 사무소나 마을 안의 병원에 있어야 한다. 마을 바깥으로 외출하는 것은 일체 금지되어 있다.

이상과 같이 조나단이 저지른 일은 터무니없는 것이었다!

그날 밤, 마그부라카에 있는 도로시가 프리타운에 있는 우리들에게 연락을 해서 이 사건은 발각되었다. 안전의 최고 책임자인 레이첼은 크게 노했고, 조셉의 안색은 새하얗게 변했다. 이날 밤을 어떻게 무사히 넘길 것인가로 토의가 시작되었고, 헬리콥터를 현지에 띄우는 것까지도 고려됐다. 결과적으로 이날 밤은 아무 일 없이 무사히 넘어갔지만, 조나단의 안전 의식은 그렇게 간단히 마무리되지 않았다.

이 사건이 있은 이틀 후, 조나단은 MSF에서 해고되어 그날로 시에라리온에서 쫓겨났다.

로빈슨과 달리, 조나단의 해고는 우리 팀에게 큰 타격이었다. 로빈슨의 경우는 임기가 끝나 가고 있어서 이미 후임인 조나단이 내정되어 있었기 때문에 큰 문제가 되지 않았지만 조나단의 경우는 달랐다. 이제 막 부임해 온 조나단이 이렇게 빨리 그만두게 되리라고는 아무도 예상하지 못했고, 당연히 후임도 결정되어 있지 않았다.

후임을 결정하는 것은 최고 책임자인 레이첼인데, 다음 물자 조달 및 운반 담당자를 찾으려면 적어도 한 달은 걸린다. 이 일로 우리 팀은 물자 조달 및 운반 담당자가 없는 상태가 상당 기간 계속되었다. 물자 조달 및 운반 담당자의 일은 팀원들이 분담하여 운영해 가기로 했다. 병원의 재건으로 가장 바쁜 시기에 말이다!

로빈슨과 조나단이 연주했던 이상한 색깔의 기타만은 아직도 화장실 옆 벽에 세워져 있는데, 지금은 바퀴벌레들의 별장으로 이용되고 있다.

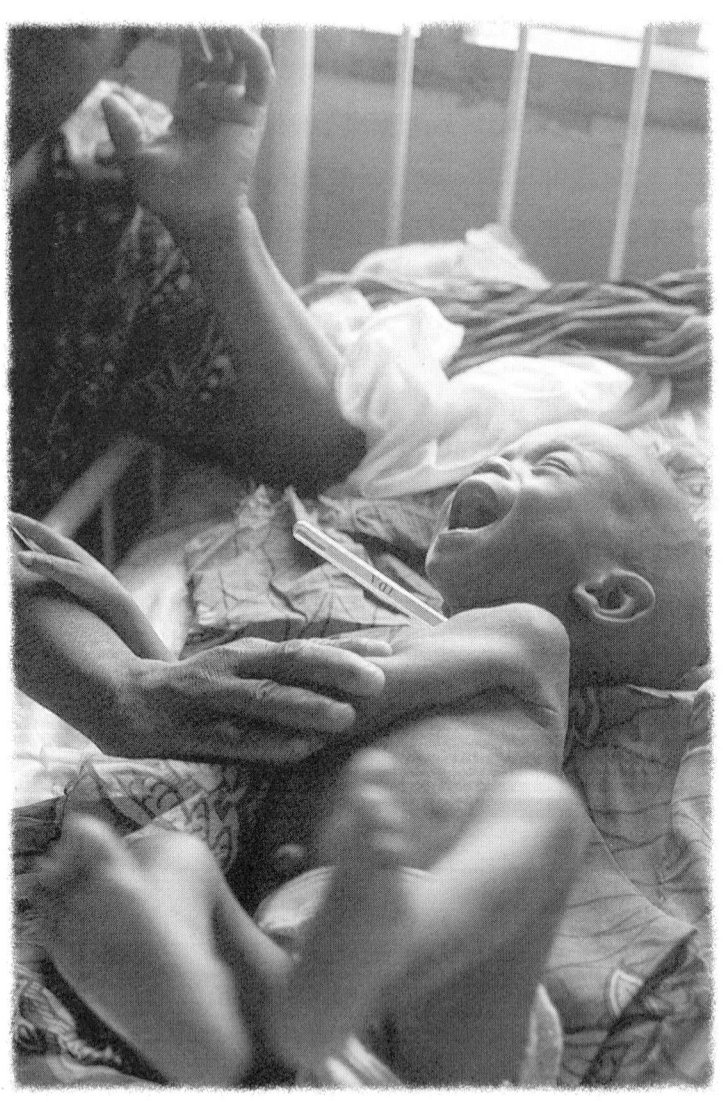

5

가르침에 대한 열정

상식이란?

"준비 됐습니까, 여러분. 지금부터 시험을 시작하겠습니다. 문제의 의미를 모르면 손을 들어 저에게 직접 질문해 주세요."

"네."

2001년 11월 2일, 마그부라카 병원에 온 지 2주일. 나는 병원의 모든 요원들을 대상으로 '병원 및 공중위생, 영양학 일반에 관한 평가 시험'을 실시했다. 병원에는 60여 명의 사람들이 일하고 있지만 의사와 간호사는 한 명씩밖에 없고, 정규 자격을 가진 요원도 거의 없다. 의무 교육도 받지 못한 현지 요원들을 교육시키려면 그들의 의료 지식이 어느 정도인지 파악해 둘 필요가 있다. 이것이 이 시험의 목적이었다.

이날 치룬 시험은 예를 들면 다음과 같은 내용이다.

① 단백질이 들어 있는 음식은 무엇인가?
② 심박수(맥)를 잴 수 있는 곳은 몸의 어느 부분인가?
 (최소한 3곳 이상)
③ 체온을 잴 수 있는 곳은 몸의 어느 부분인가? (3곳)
④ 성인의 정상적인 심박수(맥)는? (분당)
⑤ 성인의 정상적인 혈압은? (0/0최고/최저=mnHg)
⑥ 만약 모기가 당신을 물었다면 어떠한 질병이 발생할 가능성이 있는가?
⑦ 만약 당신이 환자의 대변을 만지고 난 후 손을 씻지 않으면 어떠한 질병에 걸릴 가능성이 있는가?

정답은 다음과 같다.
① 달걀, 고기, 생선, 우유, 콩 등.
② 손목(요골동맥), 목(경동맥), 왼쪽 가슴(심돌부) 등.
③ 겨드랑이, 입 안(혀 아래), 항문(직장).
④ 60/분(50~90/분).
⑤ 120/80mmHg(90~139/60~89mmHg).
⑥ 말라리아, 황열병, 뎅기열, 사상충, 각종 뇌염 등.
⑦ 설사, 아메바성 적리, 콜레라, 살모넬라, 장내 기생충, 주혈흡충증.

사실, 이 평가 시험을 실시하기까지는 아주 힘든 '준비 작업'이 필요했다. 그것은 문제를 작성하는 어려움이 아니라 주도면밀한 정치적 '사전 교섭'이다. 우리들은 온 지 2주일밖에 안 된 신참자이다. 그런 우리들이 갑자기 '당신들의 능력을 시험해 보기 위해 테스트를 하겠다'고 하는 것이기 때문에 상식적으로도 실례가 되는 일이다. 이 '무례한 시험'이 '실례'가 되지 않도록 우리들은 다양한 방안을 마련했다.

우선 이 병원과 지역 사회에서 커다란 영향력을 갖고 있는 마그부라카 병원장 닥터 포노에게 정중하게 인사를 하고, 그의 기분이 상하지 않도록 신경을 썼다. 또한 MSF의 목적을 충분히 설명했다.

그리고 그가 '돈을 벌기 위한 수단으로 해 왔던' 유료 제왕절개와 탈장수술에 대해서, 앞으로 제왕절개는 MSF가 무료로 시술하지만 탈장수술에는 관여하지 않겠다는, 다시 말해 그가 돈을 받아도 눈감아 주겠다는 타협안을 냈다. 그는 최종적으로 이 조건을 받아들였다.

그 다음으로 우리 편으로 끌어들인 사람은 마그부라카 병원의 관리자인 바스코 조지 사무장이었다. 그는 의사도 간호사도 아니지만 병원을 실질적으로 운영하고 있는 인물이다. 의사와 간호사들이 도망간 후, 인근에서 직원들을 모집하여 그나마 이만큼 병원을 꾸려 온 것은 그의 수완이었다.

병원에서 일하고 있는 대부분의 사람들은 그에게 직접 채용된 형태로 되어 있어, 그를 우리 편으로 하느냐 적으로 만드느냐는 이곳 MSF 활동의 성패를 좌우한다.

나는 조지 사무장의 출신지 언어인 '멘디 어'를 배워 매일같이 그를 찾아가 좋은 인간관계를 만들려고 노력했다. 무슨 일을 할 때에는 반드시 사전에 그의 허가를 받도록 하여, 우리들 마음대로 일을 처리하는 것이 아니라, 그의 허락 아래 일을 한다는 '형식'이 되도록 했다.

이러한 노력은 효과가 있었다. 조지 사무장은 환자들에 대한 무상

의료 서비스 제공과 병원 요원들을 대상으로 한 교육을 허락해 주었다.

시크리트 소사이어티의 중진이기도 한 조지 사무장은, 지역의 MSF 활동도 모두 후원해 주기로 했다. 말하자면 마그부라카 병원에서 해외 자원봉사단체가 무상 진료를 해 주고 있다는 것을 지역 사회에 홍보해 주기로 한 것이다. 이것은 우리 MSF 마그부라카 팀의 활동이 이곳 지역 사회에서 정식으로 인정받는다는 것을 의미한다.

미리 말해 두지만, 이러한 현지 지역 사회에 대한 MSF의 '개입'이 항상 순조로운 것은 아니다. 내가 알고 있는 것만도 다섯 번 정도 MSF는 이곳 시에라리온의 지역 사회에서 쫓겨났다. 더구나 그중 두 번이 이곳 마그부라카 병원에서 일어났으니, 이 지역에서 그가 얼마나 큰 영향력을 가지고 있는가 짐작할 수 있다.

겨우 두 사람의 병원 책임자를 설득하는데 성공했지만 이것으로 끝난 것은 아니다. 마지막으로 해 두어야 할 것은 병원에 있는 60여 명의 전 의료 요원들에게 한 사람씩 개별적으로 설명해야 한다.

MSF가 무상 국제 의료 봉사단체라는 것. 의료 수준을 높이기 위하여 요원들의 교육을 실시하고 싶다는 것. 그리고 무엇보다 12월부터 소아과 병동과 산부인과 병동을 개원할 예정인데 그때에는 각 병동에 10명 이상의 요원을 배치해야 하기 때문에 상당수의 현지 요원을 채용한다는 것. 즉, 마그부라카 병원의 의료 요원들 중 절반 정도가 급료(장려금)를 받게 되는 것이다. MSF가 고용하는 요원의 선발 기준은 내가 실시하는 평가 시험에 참가하고 매주 있는 나의 강의에 참가해야 한다는 것을 설명했다.

내가 실시하는 시험과 강의에 참가시키기 위한 '당근'을 던진 것이다.

인간은 누구라도 돈에 약하다. 거의 전원이 평가 시험에 참가를 희망하였고, 나는 그들의 지식수준과 첫 번째 귀중한 데이터를 얻을 수 있게 되었다.

이쯤에서 이 병원의 특수한 직원 운영 방식에 대해서도 설명해 둘 필요가 있다.

이미 말했듯이 이 병원에는 의사도 간호사도 거의 없다. 의사와 간호사가 한 명씩 있기는 하지만, 그들은 의자에 떡 버티고 으스대며 앉아 있을 뿐, 기본적으로 아무것도 하지 않는다.

병원에서 실제 일하는 사람들은 크게 두 부류로 나뉜다. 하나는, 유급 간호보조원(녹색 제복)이고, 또 하나는 무급 자원봉사 간호보조원(청색 제복)이다. 어느 쪽도 여성들이 많다.

간호보조원은 시에라리온 보건성의 직원(지방공무원)으로, 다소나마 매월 정부로부터 급료가 나온다. 그렇지만 내전이 계속되고 있는 관계로 그 금액은 미미한 수준이며 또한 지급도 상당히 지연되고 있다. 하지만 아쉬운 대로 약간의 돈을 받을 수 있는 정규 직원이다.

이에 반해 자원봉사 간호보조원은 병원의 정규 직원도 정부의 지방공무원도 아니다. 따라서 급료는 전혀 나오지 않는다. 그렇다면 우리와 마찬가지로, 현지인이면서 정말로 '자원봉사'로 병원에서 일하고 있는 것이냐 하면 그렇지가 않다. 그들은 지극히 궁핍한 사람들로 그럴 여유 따위는 없기 때문이다.

그러면 왜 그들 '자원봉사 간호보조원'들은 돈을 받을 수 없는 데도 불구하고 병원에서 일하고 있는 것인가? 이 이유를 밝혀내는 데에 몇 주일이 걸렸다.

처음 내가 마그부라카 병원에 왔을 때, 자원봉사 간호보조원들은 병원에서 일하고 있는 이유로 '머지않아 정부가 유급 직원을 늘려 줄지 모르기 때문에 그것을 기다리고 있다'고 했다. 이 말은 어느 정도 맞을지 모르지만, 시에라리온 정부는 세계에서 1, 2위를 다투는 가난한 나라이기에 그럴 만한 여유가 있다고는 생각되지 않았다.

티무니 어로 그들과 인사를 나눌 수 있게 되고 어느 정도 사이가 좋아졌을 무렵, 간신히 한 가지 사실을 알게 되었다. 그것은 병원 직원들은 정규 간호보조원이든 자원봉사 간호보조원이든 본인이나 가족이 질병에 걸렸을 경우 포노 원장에게서 무료 처방전, 즉 약을 무료로 받을 수 있다는 것이었다. 결국 자신과 가족이 병에 걸렸을 때 '무료'로 치료 받을 수 있다는 것이 그들이 무급임에도 불구하고 이 병원에서 일하고 있는 이유라고 나는 생각했다.

그러나 실제로는 그렇지가 않았다. 얼마가 더 지나 그들과 좀더 친해졌을 무렵, 가장 친한 현지 요원이 진실을 얘기해 주었다.

그것은 정확히 말하면, 특별히 병에 걸리지 않아도 '열이 있고 가래가 나온다'고 말하면 포노 원장은 제대로 진찰도 하지 않고 말라리아나 폐렴이라고 진단하여 그에 해당하는 약을 적당히 준다는 것이었다. 자원봉사 간호보조원들은 그것을 자신이 먹지 않고 동네 약국에 가서 팔아 버렸다. 그들은 그렇게 번 돈을 생활비로 충당하고 있었다.

나쁘게 말하면 자원봉사 간호보조원은 이름뿐이고 거짓말로 약을 타 내 그것을 팔아 생활하는 사람들인 것이다. 하지만 그들을 비난할 수는 없었다. 10년간 계속된 내전으로 이 나라에는 제대로 된 산업과

자원봉사 간호보조원들

일자리가 없다. 이 때문에 제대로 일을 한다 해도 생활해 나갈 수가 없다. 그들의 입장에서 보면 살기 위해서 어쩔 수 없는 측면도 있다.

병에 걸리지 않았는데도 NGO가 운영하는 병원에 와서 거짓말로 약을 타 가는 것은 병원의 직원들에 한정된 얘기가 아니었다. 실제 의료 대상이 되는 환자들도 마찬가지였다.

결국 난민들은 돈이 아쉬우면 거짓 환자 행세를 하여 약을 공짜로 타다가 그것을 팔아 생활을 꾸려나가고 있었다.

이렇게 의약품이 지역 사회에서 돈 대신 쉽게 나돌고 있는 것은 결코 바람직한 일이 아니다. 의학 지식이 없는 사람들이 쉽게 약을 손에 넣으면, 그것을 필요 이상으로 복용하여 생명이 위험해질 수 있기 때문이다. 또한 지역 사회의 병원체가 약물 남용으로 약에 대하여 급속히 내성화되어 간다.

예를 들어 폐렴을 치료하기 위한 항생 물질은 올바로 복용하지 않으면 병원체가 저항력을 갖게 된다. 항생 물질은 일반적으로 하루에 2~3회씩 4일~1주일간 복용하는 것이 올바른 복용법이다. 이것이 너무 빨라도, 너무 길어도 병원체는 내성화되어 버린다.

병원에서 약을 공짜로 받아 온 환자나, 그것을 값싸게 구입한 사람들은 그러한 의학적 지식을 알지 못하기 때문에 한번 복용하고 만다든지, 반대로 계속해서 복용하는 일이 일어나고 만다.

이 때문에 시에라리온에서는, 폐렴 치료를 위한 항생 물질의 제1선택 약으로 값싸고 효과가 아주 좋았던 '코트리목사졸(상품명 박터, 별명 ST합제, 살파제계 항균 약)'은 병원체가 내성화되어 이제는 전혀 효과가 없다. 그래서 약간 값이 비싼 '아목시실린(광역페니실린제제)'이라는 약을 사용해야 하는데, 이것도 최근에는 별로 효과가 없어, 현재는 '셉트리악시온(상품명 로세핀, 제3세대 세펨)'이라는 아주 비싼 약을 처음부터 사용하는 시설도 있을 정도이다.

MSF를 비롯한 NGO 단체들의 예산은 한정되어 있다. ST합제 100개를 살 수 있는 돈으로 제3세대 세펨을 겨우 한 알 살 수 있을 정도인데, 시에라리온에서는 할 수 없이 이러한 고가의 약을 사용해야 하는 실정이다. 이렇게 되면 예산 문제로 치료 받을 수 있는 환자의 수는 제한 받을 수밖에 없으며 모든 사람을 다 치료할 수가 없게 된다.

이와 같은 최악의 사태가 일어난 주요 책임은 거짓말로 약을 타러 오는 난민들이 아니라, 간단히 손에 넣을 수 있도록 약을 '뿌려 대고' 있는 우리 원조 단체들에게 있다.

국제자원봉사는 가난한 사람에게 돈이나 약을 뿌리고 돌아오면 끝나는 것이 아니다. 그 지역 사회의 현상을 파악하여 장래 그들이 어떠한 행동을 할 것인가를 예상하고, 그들의 미래에 진실로 도움이 되는 형태로 이루어져야 한다. 우선 무엇이든 좋으니 마구 살포하는 임시방편은 가장 낮은 수준의 국제자원봉사이다. 이러한 행위는 말할 필요도 없이 장래에 더 큰 문제를 초래하고, 미래에 일어날 상황들을 악화시킨다.

 병원 요원의 평가 시험을 실시하기 위해서는 '사전 교섭'이 필요했다는 얘기가 상당히 길어졌지만, 원래의 이야기로 돌아가자.
 시험의 결과인데, 참가자는 병원 요원의 거의 전원에 해당하는 60명이었다. 평균 점수는 백 점 만점에 10점 정도였다.
 나는 이번에 실시한 것과 같은 시험으로, 그들이 6개월 후에는 평균 60점을 얻을 수 있도록 교육시키는 것을 목표로 했다. 이렇게 하여 일주일에 한 차례의 강의와 매일 현장 교육을 시작했다.

교사가 된 의사

토시 "피아리 세케! (안녕하세요)"

학생들 "세케요! (안녕하세요)"

토시 "트펜데라. (모두들 건강하죠?) 미네 봄스 가스가스(나는 설사로 시들시들합니다)"

학생들 "하하하"

강의는 이런 식으로 시작한다. 말이 완벽하지 않기 때문에 몸동작을 사용한 개그를 애용한다.

수요일 오후 2시부터 입원 병동 담당 요원을 위한 45분간의 강의와 화요일 오후 2시부터 외래 담당 요원을 위한 45분간의 강의이다.

먼저 외래 담당 요원을 위한 교육 시스템부터 설명하겠다. 시험의 결과로 알 수 있듯이, 그들은 의학, 위생학, 영양학의 모든 것에 대하여 무지에 가깝다. 이렇게 완전한 제로 상태에서 시작할 경우 중요한 것은 우선순위를 정하는 것이다.

그들에게 있어 실제로 도움이 되는 지식이 무엇인지는 최종적으로 그들이 해야 할 일의 내용이 무엇인가를 생각해 보면 된다.

입원 병동에서 일하는 간호사나 간호보조원들이 해야 할 일은 크게 아래의 세 가지이다.
- 매일 정시에 실시되는 환자의 관찰.
- 매일 정시에 실시되는 환자의 치료.
- 병동 내의 전반적인 위생 상태 유지.

환자를 관찰하는 데 가장 중요한 것은 적어도 하루 세 번의 바이탈사인을 체크하는 것이다. 바이탈사인이란 '심박수(맥)' '체온' '호흡

MSF 마그부라카 사무실의 약품 저장실

수(특히 어린이에게 중요)' '혈압(어른에게 중요)'이며 응급 환자의 경우 여기에 '의식'이 추가된다.

이것을 체크함으로써 환자의 현재 상태를 알 수 있으며, 의사는 환자를 치료하기 위한 판단 기준을 세울 수 있다. 입원 병동에서 이것을 하지 않으면 입원하는 의미조차 없어진다.

나는 바이탈사인부터 가르치기로 했다. 시작 5분 동안에 그날 강의의 가장 중요한 요점을 모두 전달하고 나머지 40분은 세세한 설명을 덧붙이는 형식으로 진행했다. 즉, 처음 5분만 들으면 나머지 시간은 졸아도 기본 지식은 얻을 수 있도록 하는 형식이다. 내가 귀국할 때까지 입원 병동 담당 요원을 상대로 실시하는 강의는 총 17회로 계획되었고 그 내용은 다음과 같다.

① 바이탈사인(심박수와 체온의 측정 방법). ② 바이탈사인(호흡수와 의식의 측정 방법). ③ 평가 시험의 해답과 해설. ④ 말라리아에 대하여. ⑤ 체온계 사용법. ⑥ 링거 주사를 놓는 법. ⑦ 각 질환에 대한 기본적 치료약과 약물의 부작용. ⑧ 내장 기생충에 대하여. ⑨ 설사에 대하여. ⑩ 성병에 대하여. ⑪ 약물 남용에 대하여. ⑫ 코-위관의 사용법.

뒤이어 나의 감독 아래 후계자 카를로스가 실시할 강의 제목은 다음과 같다.

① 말라리아(2). ② 설사와 탈수. ③ 근육 주사를 놓는 법. ④ 병상에서 알아 두어야 할 해부학과 생리학. ⑤ 일반적으로 많이 발생하는 질

병에 대하여.

 이후 카를로스는 나의 지도를 받지 않고 스스로 프로그램을 계획해 간다. 내가 갖고 있는 근대 의학 지식의 대부분을 배운 카를로스는 앞으로도 계속해서 마그부라카 병원의 현지 요원들을 교육시킬 것이다.

성병에 대하여

토시 "베피 알란바리 아바라 바티(만약 여러분이 성 관계를 많이 하면), 무노 스소트 초토스 츠바티(여러분은 많은 병을 얻습니다)."

학생들 "하하하"

토시 "아큐마리 이 에이즈(임질과 에이즈입니다)."

학생들 "하하하."

토시 "베피 무노 스소트 아큐마리(만약 여러분이 임질에 걸리면), 만창카시 체르네 오반(소변을 볼 때 통증이 있고), 잉소트 오피라(소변의 색깔이 하얗게 됩니다)."

학생들 "하하하."

토시 "모노 운츠 다마르 아큐마리(임질은 고칠 수가 있습니다). 베피 우바시 에토르(약을 정확히 복용한다면 말입니다)."

학생들 "…(끄덕 끄덕)"

토시 "아 에이즈 드 다츠 다레스(그러나 에이즈는 아주 나쁜 병입니다). 모소트 아 에이즈(만약, 여러분이 에이즈에 걸려도), 에토르 부레 다모레디(약으로 고칠 수가 없습니다)."

학생들 "…!(경악)"

토시 "베피 무노 스소트 에이즈(만약 여러분이 에이즈에 걸리면), 스소트 오창크 이 오바티(몸에 열이 나고 아주 아프게 됩니다)."

학생들 "…(곤혹)"

토시 "한톤 피(그리고 결국에는 죽게 됩니다)."

바이탈사인을 기록하는 모습

학생들 "!"

토시 "베피 무노 아란바리 오니 보메(많은 이성과 성 관계를 가지려면), 원 에두레크스 카 카롯트(반드시 콘돔을 사용해야 합니다)."

학생들 "아~.(납득)"

    이것은 '성병에 대하여'의 처음 5분간의 내용이다. 강의가 10회째에 접어들면서, 나의 티무니 어 실력도 꽤 늘었다. 문자도 존재하지 않고 교과서도 문법책도 없이 시작한 것 치고는 그런대로 쓸 만하다고나 할까?

    이날 강의의 내용은 이것이 끝이 아니었다. 후반부에 나는 현지 여성 요원들을 위해 다음과 같은 비밀 이야기를 시작했다.

토시 "오늘은 성병에 대해 이야기했습니다만… 여러분도 밤일에 너무 힘을 빼지 마시기를…."

학생들 "하하하."

토시 "마지막으로 프린트에는 나와 있지 않은 중요한 것을 알려 드리겠습니다."

학생들 "…?"

토시 "이곳 마그부라카 근처에는 UN의 군대가 많이 주둔하고 있습니다. 그들은 때때로 먹을 것과 의복을 무료로 나누어 주고 있습니다만, 여러분은 그들과 너무 가까이 지내면 안 됩니다"

학생들 "…?"

토시 “이곳에 있는 UN군 병사의 90퍼센트 이상은 에이즈 양성자로 알려져 있습니다. 그만큼 다른 사람에게 에이즈를 옮길 가능성이 많습니다.”

학생들 “!”

토시 “그렇기 때문에 UN군 병사와 성 관계를 가지면 안 됩니다. 그들이 먹을 것이나 돈을 주어도 말입니다.”

학생들 “…”

이것은 모두가 사실이다. 이 나라뿐 아니라 일반적으로 UN에 참가하고 있는 군대의 병사들은 에이즈 양성 비율이 아주 높다고 알려져 있다.

이 이야기를 듣고 있던 학생들 중 10여 명의 여성 요원은 겉으로 보기에도 얼굴빛이 새파랗게 변했다. 이것은….

우리들의 교실

6

삶과의 사투

죽음의 병

아프리카라고 하면 연중 여름일 거라고 생각하는 사람들이 많지만, 실제로는 이 나라에도 계절이 있다. 5월부터 11월까지의 우기와 12월부터 4월까지의 건기이다. 1월경에는 북아프리카의 사하라 사막에서 불어오는 바람으로 몹시 건조한 시즌이 찾아온다.

이러한 기후 환경 속에서, 사람들은 농업에 종사하면서 생활한다. 물론 작물을 재배할 수 있는 것은 우기로, 쌀의 이모작 등이 가능하다. 쌀 이외의 작물로는 카사바(감자의 일종), 코코아, 커피, 땅콩, 생강, 야자 등이다. 나는 거의 매일 쌀과 카사바를 먹는데 이것이 물리면 땅콩을 씹어 먹는다. 이곳의 땅콩은 일반적인 땅콩보다 단맛이 나 입이 심심해지면 이것을 먹는다.

그럼 본론으로 들어가자. 우기의 시작과 끝 무렵에는 모기가 창궐한다.

모기가 극성을 부리면 그와 함께 증가하는 것이 말라리아 환자이다. 얼룩날개 모기에 의해 매개되는 말라리아는 우기와 함께 일제히 증가하여 건기와 함께 감소한다. 이곳 서아프리카에 분포하는 것은 중증 열대열 말라리아로, 뇌증을 일으켜 사망에 이르는 경우가 많다. 이 때문에 의료 관련 NGO 단체가 맨 먼저 싸워야 할 질병의 하나가 바로 이 말라리아이다.

그럼 열대열 말라리아에 대해 설명을 해보자. 내가 현지에서 실시한 네 번째 강의가 '말라리아'에 관한 것이었기에 여기에서는 학생들에게 나누어 준 프린트를 그대로 게재한다. 의학 지식이 없는 사람들을 위한 강의이기 때문에 상당히 간단히 정리하려고 했지만…

우선 염두에 두어야 할 것.(처음 5분 동안에 이야기할 것)
- 만약 모기가 당신을 물면, 당신은 말라리아에 감염될지도 모른다.
- 모기는 주로 밤에 사람을 문다.
- 일몰 후에는 긴 바지와 긴 팔 셔츠를 입는다.
- 잠잘 때에는 모기장을 사용한다.

말라리아는 어떻게 걸리는 것일까?
- 모기는 체내에 기생충을 가지고 있다.
- 모기가 당신을 물 때 기생충이 몸으로 침입한다.
- 그 후 약 10일 후, 말라리아 증상이 나타난다.
- 모기에 물리는 것 말고도 우리들은 말라리아에 걸릴 수 있다. 그것은 말라리아 환자의 피를 사용한(실수로) 수혈, 말라리아 환

자 산모에 의한 태아의 감염, 말라리아 환자의 피로 오염된 주사기를 사용한(실수로) 경우 등이다.

말라리아의 증상은?
- 발열, 오한, 전율, 식은땀.
- 두통, 전신 통증.
- 복통, 구토, 설사 등.

중증 말라리아의 예는?
- 뇌에 피해 – 의식 장해, 경련.
- 신장에 피해 – 소변 부족, 무뇨(소변이 나오지 않음).
- 고열 – 40.5도 이상.

모기는 많은 병원균을 옮긴다

치료는 어떻게 하는가?
- 클로로킨(항 말라리아 약): 말라리아에 대한 제1선택 약, 가격도 쌈.
- 파라세타몰(해열진통제): 발열과 통증을 줄이는 제1선택 약.
- 경구 탈뇨 개선용 음료수 ORS(Oral Rehydration Salt 이하 ORS): 설사 등의 탈수 증상에 주로 사용함. 발열이나 식은땀이 날 때에는 대량의 수분을 소모하기 때문에 사용됨.

시에라리온의 말라리아 실태는 터무니없을 정도로 심각하다.

이미 말한 바와 같이, 이곳에서는 국내 난민들이 병에 걸렸다고 거짓말하여 약을 타러 온다. 그리고는 자신이 먹지 않고 마을 약국에 팔아 돈을 번다. 이 때문에 약물 남용이 일어나 병원체는 급속하게 내성화되어 간다.

MSF 벨기에의 조사에 의하면, 전에는 아주 잘 들었던 제1선택 약 클로로킨은 시에라리온의 몇몇 지역에서 무려 90퍼센트 이상이 이미 내성화되어 사실상 전혀 듣지 않는 상태라고 한다.

제2선택 약이었던 판시달조차도 50퍼센트가 내성화되어 그다지 듣지 않는다. 결국, 마지막 선택인 제3선택 약 키닌을 처음부터 사용해야 한다.

이러한 약물 남용으로 더 이상 병원체의 내성화가 번지지 않도록 우리들은 '등록 요금제도'를 실시하기로 했다. 즉, 환자들에게 무료로 약을 나누어 주는 것이 아니라 병원에 오면 환자들은 우선 등록 요금을 내야 한다. 이 때문에 거짓으로 약을 타려고 생각한 사람은 '뭐야,

무료가 아니잖아' 하며 발길을 돌리게 되고, 진짜로 병에 걸린 사람은 그대로 남을 것이라는 발상에서 만든 제도이다.

등록 요금은 어른이 500레오네(약 250원), 어린이는 200레오네(약 100원)로 정했다. 숲에 들어가 나뭇가지 20개 정도를 묶어 마을로 가져가 땔감으로 팔면 500레오네 정도를 받을 수 있기 때문에 이 정도는 국내 난민들도 감당할 수 있는 수준이다. 등록 요금의 책정은 내가 시장을 기웃거리며 얻은 정보를 바탕으로 했다.

예외로, 차림새를 보아 누가 보아도 극빈한 국내 난민이나 신체적인 부상으로 산에 들어가 땔감을 구할 수 없다고 판단되는 사람에 한해서는 등록 요금을 면제시켜 주기로 했다. 정말로 극빈자인지 아닌지 판단하기는 아주 어렵지만, 가장 신뢰할 수 있는 현지 요원에게 이 일을 맡기기로 했다.

12월의 개업을 맞추기 위해 우리 팀은 여러 가지 준비를 해 나갔다. 소아과 외래, 소아과 병동, 산부인과 병동의 건물 개장과 가구 보충, 물과 위생 상태의 관리(새로운 우물과 화장실), 그리고 MSF가 운영하는 병동에서 일하게 될 요원의 선별이다.

먼저 소아과 외래 건물과 가구인데, 외래 진료실을 배치하는 데 가장 중요한 것은 환자들의 '흐름'이다.

입구로 들어와서 접수를 하고 등록 요금을 지불한 다음에 신장과 체중을 잰 후 대기실 의자에 앉는다. 기다리는 동안 물을 마시거나 화장실에 가서 손을 씻기도 한다.

잠시 후에 외래 담당자에게 호명되어 진찰을 받고 중증환자는 입원 병동으로, 가벼운 환자는 약국으로 보내진다. 약국에서는 1회분의 약을 그 자리에서 복용하고 나머지 약은 받아서 출구를 나와 집으로 돌아간다.

　이러한 환자들의 흐름에 정체가 생기지 않도록 외래 건물을 만들고 가구를 배치해야 한다. 이곳 마그부라카 병원은 한 달에 2천 5백여 명의 외래 환자가 찾는데 주로 월요일에 환자가 집중된다. 9시에 시작되는 외래 진료를 받기 위해 아침 8시 반에 이미 150여 명의 어린이 환자와 그 어머니들이 기다린다. 결국 합쳐서 300여 명이 대기실에서 북적거리는 것이다. 이렇게 혼잡한 대기실의 한 귀퉁이에서 체중과 신장을 재고, 탈수나 고열이 있는 아이에게는 ORS를 주고, 화장실에서 돌아온 아이의 손을 씻긴다.

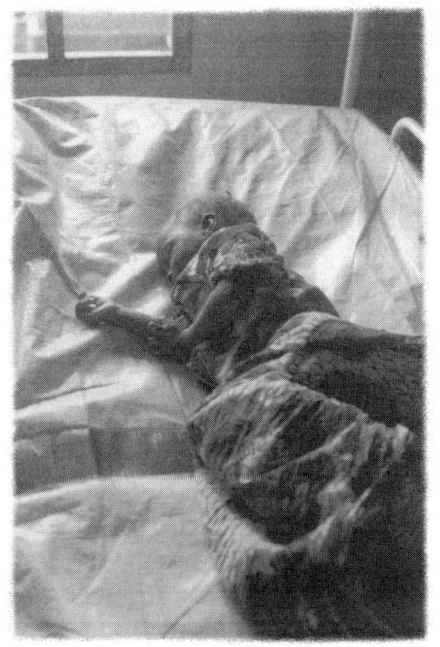

말라리아에 걸린 어린 아이

이렇게 복잡하게 움직이는 환자들의 흐름을 혼란 없이 제어하는 것은 엄청나게 힘든 일이다. 결국 두 번이나 가구를 재배치하여 겨우 돌아가게 되었다.

이러한 흐름을 만들어 내기 위하여, 입구를 표시하는 간판 하나와 대기실의 의자 30개, 화장실 4개, 음료수용 양동이 4개, 세수용 양동

마그부리카 병원의 건물 외관

이 4개, 화장실용 주전자 4개, 등록용, 진찰용, 약국용 책상 5개와 의자 5개 등의 물품을 준비하고 건물을 지었다. 설계는 내가 직접 현지의 목공에게 설명하여 만들었다. 이렇게 바쁜 때에 물자 조달 및 운반 담당자는 없었다. (눈물)

여기서 잠시 음료수와 화장실에 대해서 보충 설명을 해보자.

소아과 외래에서 빈도수가 높은 질병은 말라리아와 폐렴, 그리고 설사로 인한 탈수이다. 이중에서 다른 사람에게 전염될 가능성이 가

장 높은 것이 설사이다. 설사 환자의 대부분은 탈수 증상이 있어 ORS를 마시고 싶어 한다. 하지만 컵의 숫자는 한정되어 있어, 설사 환자가 사용한 컵으로 고열이 있는 말라리아 환자도 ORS를 마시게 된다. 이렇게 되면 말라리아 환자는 설사를 일으키는 병원균까지 감염되어, 말라리아에 설사까지 앓는 상태가 되어 버린다.

이렇게 되면 병원이 질병을 치료하는 곳이 아니라 찾아온 많은 사람들에게 병원체를 옮기는 '전염병의 온상'이 될 가능성이 있다.

하지만 300여 명의 환자 모두를 위해 따로 컵을 준비하는 것은 예산상 불가능하다.

그래서 생각해 낸 것이 '15분간의 염소 소독'이다. 음료수나 ORS를 넣은 양동이 옆에 소독용 염소가 들어 있는 양동이를 비치해, 그 안에 항상 15개 정도의 컵을 넣어 둔다. 컵에는 1번부터 15번까지의 번호를 써 놓는다. 환자가 오면 우선 1번 컵으로 물을 마시게 하고 염소가 들어 있는 양동이에 넣는다. 다음 환자가 오면 2번 컵을 사용하게 하고 다시 양동이에 되돌려 놓는다. 이것을 반복하여 15개의 컵을 사용하고 다시 1번 컵을 사용할 차례가 돌아오면 15분간의 염소 소독이 완료되어 다음 환자가 사용할 수 있게 되는 시스템이다.

또 설사 환자와 다른 질병의 환자들을 나누기 위해, 염소 소독용 양동이와 컵을 한 세트 더 만들었다. 물론 이것이 완벽한 장치는 아니지만, 내가 마그부라카에 있는 동안에 설사 환자가 대량으로 발생하지는 않았다.

다음으로 화장실 문제이다. 우리가 오기 전까지 이 병원에는 화장실이 없었다. 아니 있기는 했지만 부서져 있거나 구멍이 막혀 있어 사용할 수가 없었다. 이 때문에 환자들은 주변의 공터, 즉 병원 마당에 용변을 보아서 한마디로 '온 천지'에 똥투성이였다.

우리들은 서둘러 구멍을 파서 여러 개의 화장실을 만들었다. 환자들이 용변을 마친 후에 충분히 손을 씻을 수 있도록 비누와 주전자용 물을 매일 아침 가득 준비하는 것도 잊지 않았다.

입원 시설인 소아과 병동에 대해서도 설명한다.

입원 병동에서 가장 중요한 것은 일반 병동과 특수 병동을 나누는 것이다. 말라리아와 같은 질병은 접촉으로 다른 환자에게 전염되지 않기 때문에 16개의 병상이 있는 일반 병동에 입원시키고, 설사와 같이 다른 환자에게 전염될 가능성이 높은 환자는 9개의 병상이 있는 특수 병동에 격리시켰다.

이 두 병동의 수원(水源)을 나누는 것에도 신경을 썼다. 병동 내에는 음료용 물탱크와 세수, 세탁용 물탱크 두 개를 준비하였는데, 이것을 다시 2개씩 더 준비하여 일반 병동과 격리 병동의 수원이 섞이지 않도록 했다.

그리고 병동 지붕에 난 구멍을 메우고, 창의 유리를 고쳐 출입구에 열쇠를 채울 수 있도록 만들었다. 출입구의 열쇠는 병동 내의 물품이나 약이 도난당하지 않게 하기 위함이다. 그런 다음 필요한 만큼의 병상, 책상, 의자 등을 만들었다.

매주 한 번 공급 받는 약제와 의료 원조 물자는 병동 바로 옆의 창고에 넣어 두고, 나와 카를로스, 도로시 이외의 사람은 창고 열쇠를 갖지 못하게 했다. 이렇게 하여 마그부라카 병원 소아과 병동의 '하드웨어'가 거의 마무리되었다.

마지막으로 한 일은 요원의 선별이다.

소아과 병동을 24시간 운영하기 위하여 우선 7명의 요원을 뽑았다. 아침 8시부터 오후 2시까지 가장 바쁜 시간대에 3명, 오후 2시부터 저녁 8시까지 2명, 오후 8시부터 아침 8시까지 2명이다.

우수한 요원 1명과 그보다 못한 1~2명을 한 조로 하여 3개조로 나누었다. 우수한 요원은 앞으로 계속해서 소아과 병동에 남지만, 그렇지 못한 요원은 3개월마다 교체되는 로테이션 시스템이다. 이것은 소아과 병동의 의료 수준을 일정하게 유지하는 한편, 내 병동에서 바이탈사인 등의 교육을 받은 요원이 다른 병동으로 옮겨가 최종적으로 병원 전체의 수준을 높일 수 있다는 계산에서였다. 3개월의 로테이션이 끝날 즈음, 그들은 다시 테스트를 실시해 임기 동안의 교육 효과를 평가 받게 된다.

세 사람의 우수한 요원은 내가 실시한 첫 번째 평가 결과에 의한 것이다.

이러한 시스템은 날마다 '교육, 교육' 하고 노래를 부르는 나에게 찬성해 준 조셉이 아이디어를 낸 것이었다. 우리 팀이 불운했던 것은 이와 같이 바쁜 시기에 물자 조달 및 운반 담당자가 없었던 것이었지만, 아프가니스탄에서 두 번의 병원 재건을 경험한 조셉은 미덥지 못한 내 계획의 결함을 지적하고 물자 조달 및 운반의 반 이상을 담당하며 12월 1일의 개원에 맞춰 주었다.

날씬해진 몸

제임스 "토시! 경련 환자입니다."

토시 "어느 병상이야."

제임스 "12번 병상입니다. 6개월 된 남자 아이 모하메드 콘티입니다."

토시 "언제부터 경련을 일으켰어?"

제임스 "약 15분 이상 되었습니다."

토시 "바이탈사인은?"

제임스 "심박수 분당 184, 호흡은 경련으로 불명, 체온은 41.2도."

토시 "음…. 자 그럼 우선 디아제팜을 직장 내에 주입하지."

제임스 "정맥 주사용과 먹는 알약 어느 쪽으로 할까요?"

토시 "알약을 가루로 만들어 거기에 생리식염수를 섞어서 주사기에 넣어. 정맥 주사용은 아마 재고가 별로 없을 거야."

제임스 "몇 밀리그램 알약으로 할까요?"

토시　"이 아이 체중이 몇 킬로그램이지?"
제임스　"외래 진찰 자료에는 4킬로그램입니다."
토시　"그럼 2밀리그램 알약을 전부 사용해!"
제임스　"알겠습니다."

마리　"토시, 기관지 천식 아이가 링거를 뽑아 버렸어요."
토시　"뭐, 뭐라고… 할 수 없지. 카를로스 내가 다시 넣을 테니 잘 봐!"
카를로스　"알았어."
마리　"링거는 5퍼센트 포도당하고 유산링거 어느 쪽으로 할까요?"
토시　"우선은 포도당으로 하지."
마리　"링거 침은 몇 게이지짜리로 몇 개 필요하죠?"
토시　"24게이지(소아용으로 가장 가는 것)짜리로 3개 가져와!"
카를로스　"토시, 이번에는 내가 먼저 해 보고 싶은데, 어떨까?"
토시　"음…, 좋아 한번 해 봐. 2번 실패하면 날 불러!"
카를로스　"알았어."

존　"토시, 6번 병상에 있는 아이입니다만, 배가 팽팽하게 불러 있습니다."
토시　"아파하고 있어?"
존　"꽤 아픈 모양입니다. 호흡수도 아주 빠릅니다."
토시　"복수가 상당히 차 있다는 건데…. 할 수 없군. 빼도록 하지."
존　"주사기로입니까? 절개합니까?"
토시　"메스로 절개하여 복강 내에 배출관을 달아 지속적으로 배출

시키기로 하지."

존 "뭘 준비합니까?"

토시 "소독액, 외과용 메스, 가제, 멸균 장갑, 방광 유치용 카테테르, 배뇨정류용 백, 5.0나일론 바늘, 핀셋, 집게, 가위."

존 "집게는 소독액으로 적셔 놓은 것으로 괜찮습니까?"

토시 "상관없어."

존 "그럼 준비하겠습니다."

제임스 "토시, 디아제팜이 준비되었습니다."

토시 "알았어. 제임스, 잘 봐 둬. 이렇게 이대로 플라스틱 주사기를 항문에 집어넣는 거야. 바늘은 필요 없어."

제임스 "그렇군요. 다음부턴 제가 하겠습니다."

토시 "그렇게 해 줘."

제임스 "이제 이 아이는 어떻게 합니까?"

토시 "약이 흡수되려면 20분 정도는 걸릴 거야. 그때까지는 상태를 지켜보도록 하지."

제임스 "알겠습니다."

카를로스 "토시, 미안해. 링거 말인데 역시 잘 안 되는군."

토시 "알았어. 내가 하지. 잘 보고 있어."

카를로스 "알았어."

토시 "음…. 왼 손등 오른 손등 모두 실패했군…."

카를로스 "면목이 없군. 이제 놓을 데가 없는 건가?"

토시 "아니, 발목 안쪽이 있어. 이곳은 해부학적으로 99퍼센트 이상 있거든."

카를로스 "아 그렇군."

토시 "그리고 카를로스. 네 특기인 머리도 있잖아."

카를로스 "아니, 당분간은 서양식을 공부하려고. (멋쩍은 웃음)"

토시 "하하하. 자 그럼 나는 아프리카 식으로 머리 피정맥에 해 볼까?"

조지 "토시, 큰일 났어! 교통사고 환자가 한꺼번에 15명이나 실려 왔어. 모두 중환자야. 오는 도중에 벌써 네 명이나 죽었어!"

토시 "뭐라고!"

조지 "8인승 밴에 40명이나 탄 모양이야. 충돌해서 옆으로 굴렀대."

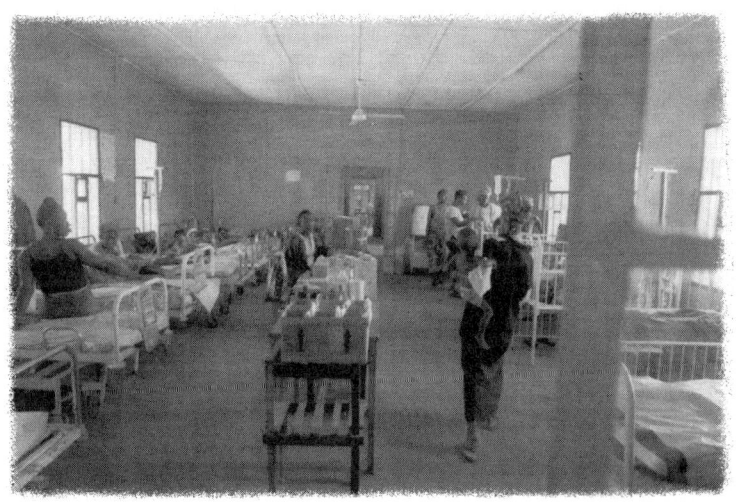

마그부라카 병원의 소아과 병동 내부

토시 　"아… 저런."

조지 　"얼굴의 반이 날아갔는데도 살아 있는 여자가 있어. 서둘러 줘!"

토시 　"이건 좀 긴급 상황인데. 우선 순위를 정하도록 하지."

카를로스 "토시, 여기는 내가 볼 테니 토시는 교통사고 쪽을 진찰하도록 해."

토시 　"경련이 있는 아이는 키닌 링거를 시작해. 뇌성 말라리아일지도 모르니까. 키닌 초기 주사량은 벽에 붙어 있는 내 기준표를 봐."

카를로스 "알았어."

토시 　"복수가 찬 아이는 바로 죽지는 않으니까 그대로 둬."

카를로스 "알았어."

토시 　"제임스. 입원 환자의 바이탈사인을 3시간마다 재서, 내가 만든 중증 환자 판정 기준에 해당하는 환자가 있으면 나를 부르러 와!"

제임스 "알겠습니다."

토시 　"자…. 조지, 자동차는 어디야? 현관이야?"

조지 　"그래. 입구 쪽이야! 모두들 기다리고 있어. 아수라장이야."

토시 　"괜찮아. 요전의 버스 사고보다는 덜할 거야."

제임스 "토시."

토시 　"뭐야, 제임스?"

제임스 "이걸 가지고 가세요."

토시 　"?"

제임스 "오렌지예요. 피곤하면 이걸 드세요."
토시 "하하하. 알았어. 자, 그럼."

일상의 진료는 대충 이런 식이다.

기본적으로 나의 일은 소아과의 입원 환자를 회진하는 것이지만, 항상 긴급 사태가 일어나 25명의 회진이 순조롭게 끝나는 일은 한 번도 없다. 외래 응급 환자들이 들어오고, 수술이 필요한 환자를 프리타운에 보내고, 진료소에서 메리가 보낸 환자를 돌려보내는 등 그 외에도 수많은 병원의 사무 잡무(요원의 급료 지급, 부족한 침상 주문, 환자의 등록 요금 징수 등)를 해야 하기 때문이다.

아침 6시에 병원에 오면 우선 소아과 외래 대기실로 가서 기다리고 있는 환자들을 죽 둘러보고 중증환자를 골라내 소아과 병동으로 데리고 간다. 그 후 끊임없이 밀려드는 일들을 하나하나 해 나가는데, 이 사이에 한번도 앉아 있을 시간이 없다. 점심 먹을 시간도 없다. 물만 마시는데 잠시라도 앉아서 쉬게 되면 피로가 한꺼번에 몰려오기 때문에 절대로 앉아 있지 않기로 마음먹었다.

'피곤하다'는 말도 일절 하지 않기로 했다. '피곤하다'고 말하면 오히려 더 피곤해지고, 주변에 있는 사람들에게도 정신적인 악영향을 주기 때문이다. 그 대신 마라톤과 마찬가지로 어느 정도 강행군을 계속하다 보면 '러너스 하이(피곤함을 느끼지 않게 되는 것)' 상태가 된다. 정신이 약간 고양된 상태로 '조금만, 조금만 더' 하는 느낌으로 아무 생각 없이 계속해서 일을 할 수 있게 된다.

이렇게 12월은 문자 그대로 '전지전능'을 발휘하며 내 생애 가장 많은 일을 한 것 같다. 12월이 끝날 즈음에는 체중이 일본에 있을 때와 비교하여 15킬로그램이나 감소하여 몰라보게 날씬한 몸이 되어 있었다. (쓴웃음)

하루 일을 끝내고 사무소에 돌아오는 시간은 대충 날이 저물고 나서이다. 3교대로 운영되는 요원들의 교육 효과를 감독하기 위해서는 적어도 야간 조가 출근하는 오후 8시까지 내가 병동에 남아 있어야 했다. 그렇게 하지 않으면, 주간 요원들만 능숙해지고 저녁 요원들은 전혀 발전을 기대할 수 없게 된다. 저녁 요원들에게 현재 입원해 있는 25명의 환자 상태와 그날 새로 시작한 시스템 등을 설명하고 있으면 시계는 벌써 오후 9시를 지난다.

통신용 라디오로 자동차를 불러 사무소로 돌아와 아무도 없는 식탁으로 가서 내 끼니로 남겨 놓은 저녁을 입 속에 집어넣는다. 맛 따위는 어떻든 상관없다. 먹지 않으면 쓰러지기 때문에 무의식적으로 위에 쑤셔 넣는 것이다. 식후에는 위장 운동이 활발해지기 때문에 또다시 설사를 한다. 그리고는 캄캄한 화장실 한가운데에 앉아 내일 할 일을 생각한다.

화장실에 앉아 있으면 왠지 머릿속이 맑아져, 잊고 있던 해야 할 일들이 떠오른다. 새롭고 보다 뛰어난 시스템들이 화장실에 앉아 있으면 끊임없이 생각난다. 캄캄한 화장실에서 산악용 라이트를 머리에 쓰고 메모장과 펜을 꺼내 서둘러 떠오른 것들을 적는다. 지금 적어 놓지 않으면 영원히 잊어버린다는 것을 알기에.

화장실에서 나오면 또 하나의 일이 기다린다. 요원들을 위한 강의용 인쇄물을 만드는 것이다. 또한, 현재 요원들의 능력에 맞춘 '링거 관리 규정'이나 '입원 환자를 중증으로 판단하는 기준' 등을 워드로 작성하여 인쇄한다. 컴퓨터를 사용한 이러한 잡무는 하루 종일 사무소에 없는 관계로 나로서는 이런 밤 시간이나 이른 아침 시간에 할 수밖에 없다.

이러한 일들을 마치면 방에 돌아와 목욕 타월을 가지고 샤워 룸으로 간다. 이곳 마그부라카에서는 우물에서 펌프로 물을 퍼 올려 샤워를 할 수 있는데 자주 고장이 난다. 오늘도 물론 고장이다. 마일91과 마찬가지로 물탱크에서 바가지로 물을 퍼 담아 하루 동안의 찌든 땀을 씻어 낸다.

벽에 걸려 있는 거울로 등유 램프에 비춰진 자신의 모습을 보고 있으면 흰머리가 꽤 많아진 것 같다. 방으로 돌아오면 벌써 밤 12시가 넘어간다. 발가벗고 피부병 치료를 위한 하얀 BB로션을 온몸에 바른다. 좀 시원해지면 플라스틱 파일케이스를 부채 대신 부쳐 가며 침대에 쓰러진다. 덥기 때문에 이불은 필요 없다. 발가벗은 채이다. 자명종 시계를 아침 5시에 맞춰 놓고 통신용 라디오를 베개 맡에 놓고 잠이 든다.

하루의 일과는 이렇게 끝이 난다.

하지만 이날은 이게 끝이 아니었다.

"토시, 환자가 아주 위급해! 곧바로 좀 와 줘. 토시, 환자가 위급하나고! 빨리 좀 와 줘, 토시. 위급하다고. 빨리 와 봐."

어둠 속에서 나를 부르는 소리가 울려 퍼졌다. 벌떡 일어나 머리에 산악용 라이트를 쓰고 주위를 비췄다. 통신용 라디오를 낚아채 상황을 들어 보려고 하지만 상대편이 통신용 라디오의 사용법을 잘 모르는지 대답이 없다. 티셔츠와 반바지를 몸에 걸치고 밖으로 나갔다. 사무실에 들어가 키를 가지고 와 랜드 크루저에 허둥지둥 올라타 시동을 걸었다.

"부릉 부르릉~"

자동차 운전은 기본적으로 금지되어 있지만, 환자의 상태가 아주 응급하고 오후 10시 이후에는 운전수도 귀가하고 없기 때문에 예외로 허용하고 있다.

병원으로 가는 울퉁불퉁한 길을 5분 만에 달려가자, 입구에 야간 경비원이 기다리고 있었다. 그가 바로 나를 부른 장본인이었다.

경비원 "토시, 제임스가 불러 달라고 했어. 환자가 아주 위급한 모양이야!"
토시 "알았어. 몇 번 병상이지?"
경비원 "아마 8번일거야."

나는 소아과 병동으로 달려갔다. 소아과 환자는 시간이 승부를 결정한다. 5분 정도의 지체가 생사와 직결된다. 병동에 뛰어 들어가 제임스를 찾았다.

토시 "제임스, 어디 있어!?"
제임스 "토시, 여기예요! 8번 병상."
토시 "기관지 천식을 앓고 있는 아인가?"

제임스 "그래요. 호흡수가 80이상으로 올라가기에 불렀습니다."

토시 "그렇군. 잘했어, 제임스. 내가 만든 기준표대로야."

제임스 "뭘요."

토시 "정맥에 덱사메타존을 주사하지. 그리고 테오필린 앰플은…."

제임스 "여기 벌써 모두 준비해 놓았습니다."

토시 "!"

제임스 "기관지 천식이어서 아이의 상반신을 걷어 놓았습니다."

토시 "제임스. 아주 훌륭해. 자 처치를 시작하지."

제임스 "당연한 걸요 뭘. 토시, 바이탈사인이 더욱 나빠지고 있습니다!"

　이 남자의 이름은 제임스 B 코로마. 현지 요원으로 시에라리온 인이다. 간호사 자격은 물론 아무런 자격도 없는 자원봉사 간호보조원이지만, 나의 첫 시험에서 모두가 10점 정도를 맞았을 때 제임스는 61점을 맞았다.

　하지만 이 정도에 놀란 것은 그에 대한 실례였다. 3개월 후에 다시 실시한 평가 시험에서 이 남자는 100점 만점에 99점을 맞은 것이다!

단백질의 보고?

라사열이라는 병을 알고 있습니까?

에볼라바이러스에 필적하는 사망률 80퍼센트 이상의 최강의 바이러스 출혈성 질환이다.

이 라사열은 쥐에 의해 매개된다. 쥐의 분뇨에 의해 오염된 식품을 먹으면 감염된다. 시에라리온에서는 북부지방에 분포하며, 지금까지 여러 명의 UN과 NGO 단체 직원들이 감염되어 그중 몇 명은 사망했다. 효과적인 치료 방법도 없고 백신도 없다.

이 병이 염려되어 UN이나 NGO 사무실에서는 고양이를 키우는 곳이 많다. 그런데 무슨 일인지 마일91에 있었을 때도, 이곳 마그부라카에서도 우리 사무실에는 고양이가 없다. 그 이유는 메리가 고양이를 아주 싫어하기 때문이다.

그녀는 전에 나이지리아에서 프로젝트를 수행할 때, 그곳에서 좋지 않은 경험을 가지고 있었다. 고양이가 그녀의 침대 위에 매일같이 오줌을 싸 버린 것이다. 그 오줌이 아주 고약한 냄새를 냈다고 한다. 요원이 5명 있었는데 고양이는 항상 메리의 침대 위에 오줌을 쌌다고 한다. 사람들에게는 그다지 인기가 없는 메리지만, 고양이에게는 인기가 있었는지, 아니면 싫어서 그랬는지⋯.

아무튼 그녀의 고양이 혐오증으로 인해 마일91에는 고양이를 기르지 않았다. 그 덕분에 마일91 사무실에 늘어난 것은 쥐였다. 그것도 대형 시궁쥐.

마일91에 있을 당시, 조셉은 새파랗게 질린 얼굴로 달려와 나에게 이렇게 말했다.

"토시, 절대로 부엌에 가지 마세요. 난 봤어요!"

들어보니 부엌 천장은 거대한 쥐들의 소굴로, 그곳에 수십 수백이 넘는 엄청난 수의 쥐들이 살고 있다는 것이었다. 그 쥐들은 우리들이 먹다 남은 음식 찌꺼기를 먹으며 살고 있는 모양이었다. 메리와 조셉이 채식주의자였기 때문에 야채 중심의 식생활을 하고 있던 나나 그들(쥐)에게 있어서 영양가 면에서는 별 볼일 없는 내용이었을 것으로 여겨지지만, 가끔씩 생선이나 닭고기도 식탁에 올라왔기 때문에 간신히 영양의 균형을 유지하고 있었을 것이다.(웃음)

그렇게 쥐가 많은 것을 알면서도 당시 부엌에서 요리를 담당한 현지 요원 타냐는 전혀 개의치 않았다.

어느 날 조셉이 그녀에게 물었다.

"왜 부엌 천장에 있는 쥐들을 내쫓지 않는 거죠?"

"내쫓기는 왜 내쫓아요? 그건 토시의 귀중한 단백질원인데…."
"헉!"

요리사 타냐

7

계획을 세우는 사람들

실상

국제자원봉사이라고 하면, 왠지 가난한 나라에 가서 환자들을 돌보거나 식량과 의복 등을 나눠 주고 돌아오며 '아, 나는 좋은 일을 하고 있어' 하는, 대충 이런 것이라고 생각하는 사람들이 많다.

하지만 세상에는 정통파의, 학문적인 '국제자원봉사의 방법'이 있다. 여기서는 그것을 소개한다.

어떠한 긴급 사태가 일어나면, 우선 현지에 조사단을 파견하여 어떠한 상황인지를 '사정(査定)' 한다. 그 조사를 바탕으로 어떻게 프로젝트를 진행할 것인가를 '계획' 하며, 그리고 그 계획을 예산의 범위 내에서 '실행' 한다. 마지막으로, 실행한 프로젝트가 얼마만큼 성과가 있었는가를 '평가' 한다. 이러한 사정, 계획, 실행, 평가는 하나의 톱니바퀴와 같은 것으로, 이것을 반복하면서 현장의 프로젝트를 진행해 간다. 좋은 일을 해 보고 싶다는 개인의 '자기만족' 으로 끝나기 위한 것이 아니다.

하나의 예로서 1990년에 UN 총회에서 결정된 '밀레니엄 개발 목표(Millennium Development Goals : MDGs)'를 살펴보자.

1990년 9월까지, UN 조사단은 전 세계의 국제자원봉사 대상이 될 만한 수많은 집단에 대한 조사를 진행하여 다음과 같은 '사정' 결과를 얻었다.

세계인의 20퍼센트는 하루 1달러 미만으로 생활하는 빈곤층이다.

매년 천 만 명 이상의 5세 미만 어린이가 폐렴이나 홍역 등의 예방 가능한 질환으로 사망한다.

매년 50만 명이 넘는 여성이 임신 중이거나 출산 전후에 사망한다.

1억 이상의 아동이 초등교육조차도 받지 못하고 있다.

이러한 사정(査定) 결과를 바탕으로 '밀레니엄 개발'이라고 하는 '계획'을 수립했다. 여기에는 8개의 독립된 목표가 있다.

① 극도의 빈곤과 기아의 퇴치. (하루 1달러 미만으로 살아가는 인구를 반으로 줄인다)
② 초등 교육의 완전 보급. (교육은 지속적 경제 성장의 기반, 기본적인 위생과 건강의 개선)
③ 남성과 여성의 완전한 평등. (갖가지 교육 단계에서 남녀 간의 격차를 배제)
④ 어린이 사망률 억제. (5세 미만 어린이 사망률을 3분의 1로 줄인다)

⑤ 임산부 건강의 개선. (임산부 사망률을 4분의 1로 줄인다)
⑥ 에이즈(HIV), 말라리아 등 질병의 만연 방지. (증가 일로에서 감소를 목표)
⑦ 지속 가능한 환경 만들기. (환경 자원의 파괴 저지, 안전한 물을 마실 수 없는 인구의 감소)
⑧ 글로벌한 개발 파트너십 구축. (정부 개발 원조 증액, 국가의 채무 관리)

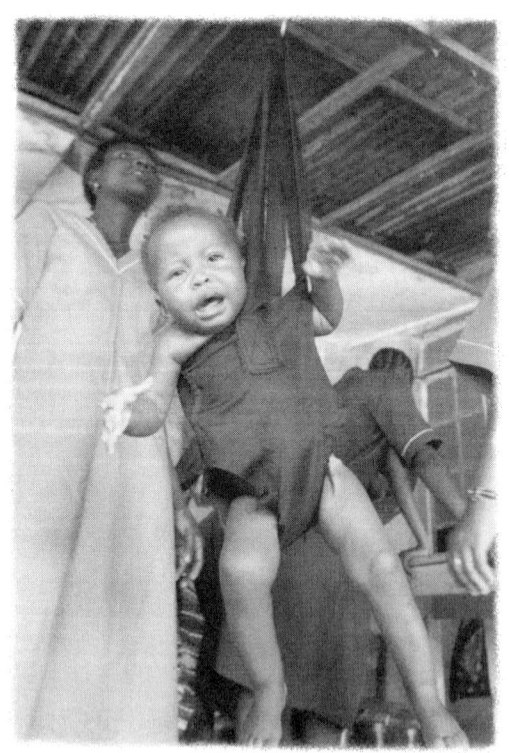

영양실조인지를 판정하기 위한 체중 측정. 위에서 매다는 형태의 체중계를 사용한다

이러한 모든 목표를 2015년까지 달성하고자 설정했다. 이 목표를 달성하기 위해 보다 명확한 예산 산정이 이루어졌고, 1년 단위의 작은 목표가 결정됐다. 그리고 모든 계획이 착실하게 '실행' 되었다.

이렇게 실행되어 온 '밀레니엄 개발'은 아직 진행 도중이던 1998년에 '평가'가 실시되었다.

예를 들면, 1990년부터 2015년까지 5세 미만의 어린이 사망률을 3분의 1로(67퍼센트) 낮추려면, 매년 2.64퍼센트씩 줄여 가야 한다. 따라서 1990~1998년까지 8년간 사망률을 약 21퍼센트 줄였어야 한다는 결론이 나온다.

그런데 중간 평가 결과는 이를 달성하지 못했다. 약 14퍼센트가 감소했지만 목표인 21퍼센트에는 미치지 못한 것이다. 이 평가를 바탕으로 예산의 재편성이 이루어져 나머지 17년간 어떻게든 목표를 달성하고자 하는 개선된 계획이 작성됐다.

이와 같이 평가는 프로젝트가 끝난 후에만 하는 것이 아니라, 진행 중인 단계에서도 실시되어 계획이 올바른 방향으로 진행되도록 하는 것이다.

UN의 목표는 너무도 방대하여 그다지 실감이 나지 않는다. 그래서 국제 '의료' 협력에 한정시켜 좀더 자세하게, 현장과 직결된 문제에 대하여 살펴보고자 한다.

우선, '정통과 국제 의료 협력'을 하려면, 세계 공통의 의료통계 산출 방법을 알아야 한다. 정리해 보면 다음과 같다. 다만, 그 하나하나를 상술하는 것은 너무 학교 공부와 같은 내용이 되므로 흥미가 있는 사람만 보는 것이 좋을 듯하다.(부록 참조)

난민이나 국내 난민 등 긴급 상태에 있는 집단을 보면.

① UN의 산하 기관이나 NGO 단체가 이미 그 집단의 인구, 사망률, 영양실조율 등의 조사를 실시했는가를 알아본다. 하다 말거나 정보가 뒤얽혀 복잡한 것도 많지만 수집할 수 있는 만큼 모은다.

② 아무리 상황이 열악한 집단이라도 나름대로 촌장과 같은 리더가 있으므로 그 사람에게 그 집단의 인구, 사회 구조, 출신지, 부족, 종교, 언어, 통역의 유무, 교육 수준, 목수, 의료 종사자, 가까운 강, 우물, 수확할 수 있는 작물이 어느 정도인지 등을 확인한다.

③ 촌장에게서 얻은 사회 구조의 정보를 바탕으로 집단을 소집단으로 나눈다. 각각의 소집단에서 표본을 채취하여 대략의 인구와 이병률(罹病率: 질병을 앓고 있는 사람의 비율), 사망률, 영양실조율을 계산한다.

④ 하루 조사망률(인구 만 명당 사망하는 사람의 비율)이나 영양실조 환자의 비율 등으로 그 집단이 어떤 상태에 있는가를 산정하여, '정상(normal)' '긴급(severe)' '위험 상태(critical situation)'로 나눈다.

⑤ 집단의 긴급성이 '긴급(severe)' 이상일 경우, 빅5로 불리는 말라리아, 홍역, 영양실조, 폐렴, 설사 등 다섯 가지 급성 질환에 대한 대책을 세운다. 또한, 5세 미만 어린이나 임산부 등에 대한 영양 보조식품의 배포도 실시한다.

⑥ 동시에 난민 캠프를 건설하기 위한 종합적인 설계가 이루어진다. 어디에 우물을 파고, 어디에 물을 저장할 것인가. 화장실은 어디에 만들 것인가. 식료품은 어디에 저장하고 어디에서 요리

하여 어떻게 배포할 것인가. 사람들이 살아갈 가설 주택은 어디에 세울 것인가 등.

⑦ 산출한 인구수에 따라 한 사람당 하루 15리터의 물과 2,100킬로칼로리의 식료품(단백질 11%, 지방 17%)을 UN이나 NGO 단체에게 요구한다. 화장실은 우선 100가구당 1개를 목표로 설치하고 이후 점차 늘려간다.

⑧ 건강상의 중요한 문제를 찾아내기 위해 '질병을 앓는 사람의 비율'이 높고 '사망의 높은 원인이 되고 있는 질환'을 가려내어 집중적으로 퇴치한다. 치료 효과와 예방 효과를 평가하여 앞으로의 새로운 계획을 세운다.

집단의 하루당 조사망률이 감소하여 '정상'인 상태가 되면 만성 질환이나 인구 조정 문제에도 착수한다.

이 외에도 많은 항목과 공부해야 할 것들이 얼마든지 있지만, 우선은 국제자원봉사이라는 분야가 훌륭한 학문의 한 분야라는 것을 인식하기를 바란다.

개인적으로는 이러한 '정통파' 국제자원봉사의 학문적 접근을 아주 좋아하며, 기본적으로 이와 똑같은 방법론을 채용하여 현장에서 적용하고 있다. 하지만 이러한 학문적 접근에는 근본적인 결함이 있다.

그들이 아주 가난하고 질병으로 죽음의 위험에 누출되어 있으므로, 자원봉사에 참가하는 사람들은 스스로를 사회적으로 우위에 서 있다고 오해한다. 그래서 마음대로 보고, 판단하여 자신들의 기준으로 무엇을 '해 줄까' 하며 대단한 듯이 결정한다. '사정'이라는 이름으로 숫자를 산출하고, 그 결과에 따라 획일적인 계획을 '실행'한다. 그 과정에서 현지인들의 역사나 문화, 인간성은 모두 무시된다. 나는 이러한 행위가 진정한 인도주의일까? 하고 예전부터 의문을 품어 왔다.

그래서 나는 현장에서 그들의 언어를 배우고, 그들의 문화, 풍습, 역사를 이해하려고 하며, 동시에 정통파의 국제자원봉사를 그들에게 알맞게 맞춘 형태로 실행하고자 노력하고 있다.

하지만 이것을 실제로 현장에서 접목시키는 것은 아주 힘든 일이다. 현장에서의 일은 너무 바쁘고, 일상의 진료에 많은 시간을 빼앗겨 버리기 때문에 요원들을 교육시키는 것조차도 겨우 해 나가는 정도이다. 조금 배운 티무니 어로 그들의 문화나 풍습을 공부하고자 해도 좀처럼 기회가 오지 않는다.

그렇긴 하지만 주말에는 외래 환자가 적어 오후 5시경에는 한가해진다. 그러면 카를로스나 팀보 등이 나를 집으로 초대해 준다. 10명이 넘는 그들의 대가족 속에 섞여서 커다란 냄비에 손을 뻗어 "오보티.(맛있네)" 하며 밥을 먹고 있으면 그런대로 이들의 문화를 이해하고 있는 듯한 기분이 든다.

'결국, 그리 대단한 일은 할 수 없구나' 하고 생각하면서도, 자신의 신념을 믿으며 눈앞의 닥친 일들을 해 나간다.

과거와의 결별을 위해

소아과 병동을 개설한 지도 거의 한 달, 12월 하순에 우리들의 훌륭한 기획 운영 담당자 조셉은 캐나다로 돌아갔다. 2주일간의 휴가를 가족과 애인하고 함께 보내기 위해서이다.

이 시기에는 병원 운영이 이미 궤도에 올라 큰 문제는 없었다. 나와 도로시는 소아과 병동과 산부인과 병동을 완벽하게 운영해 나갔고, 메리는 다섯 개까지 늘릴 예정인 진료소를 이미 세 개나 만들었다. 병원 원장인 포노와 조지 사무장과의 관계도 양호하여 모든 것이 순조로웠다.

그런데 12월 20일 아프리카를 떠난 조셉은 영원히 돌아오지 않았다. 이 소식에 우리들은 경악했고, 얼마 안 있어 레이첼이 다음과 같은 이메일을 보내왔다.

- 조셉은 심각한 말라리아에 걸려 입원했다고 함.
- 조셉은 애인과 헤어져 실연했다고 함.
- 조셉은 지금까지 가정 내의 골치 아픈 문제들로부터 도망치고 싶어 국제자원봉사를 계속해 왔는데, 이번에 가족들의 설득으로 모국인 캐나다에 눌러앉기로 했다고 함.

조셉이 레이첼에게 이메일을 보냈고, 그것을 레이첼이 약간 '가공'하여 우리 팀으로 보낸 것이었다. 이중 어느 것이 진짜인지, 전부 진짜인지 아니면 모두 거짓말인지는 아무도 모른다. 하지만 한 가지 깨달은 것은 모두가 우러러보며 존경하던 MSF 네덜란드의 최고의 기획 운영 담당자로, 장차 최고 책임자가 될 것으로 촉망 받던 사람조차도 인생의 뒷면에는 수많은 고민과 갈등이 있었다는 사실이다.

국제자원봉사에 참가하는 사람들의 다양한 이유 중에 '자신의 과거와 결별하기 위해'라는 항목이 있는데, 조셉의 경우는 아마도 그것이 주된 이유가 아니었나 생각된다.

물론 그를 비난할 수는 없다. 해외 자원봉사에 참가하는 사람은 단순히 모험을 좋아하는 사람이든, 순수하게 사람을 돕고 싶은 사람이든, 아니면 자신의 이상을 불태우고자 참가하는 사람이든 결국 본질은 많든 적든 모두가 자기 자신을 위해서, 행복하고자, 삶의 의미를 찾고자 한다는 사실이다.

어찌되었든 일에 있어서만큼은 누구보다도 완벽했던 조셉을 어느 누가 비난할 수 있단 말인가.

지금까지 해 온 MSF에서의 활동이 앞으로 그의 인생에 조금이라도 용기와 자신감을 줄 수 있게 되기를 바랄 뿐이다.

지나간 일은 어쩔 수 없다. 문제는 남아 있는 우리들이었다. 후임 기획 운영 담당자가 오려면 적어도 한 달은 걸린다. 그렇게 간단히 그의 빈자리가 채워지지는 않을 것이다. 레이첼은 프로젝트가 엉망이 되어 버렸다며 화가 나 있었고, 도로시는 기가 막힌다는 표정이었으며, 메리는 허탈해했다.

메리 "여자한테 차인 것 가지고 숨어 버리다니 어리군 어려."
도로시 "그런 게 아니에요. 조셉은 순수한 거예요."
메리 "무슨 소리야. 그놈, 사실은 만만찮게 잔꾀가 특기였어."
도로시 "그게 조셉의 장점이에요."
메리 "내가 각 마을에 진료소를 열기 전에, 꼭 그 놈이 먼저 촌장들을 만나서 미리 결정해 버렸단 말이야."
도로시 "그건, 당신에게 맡겨 두면 일이 엉뚱하게 꼬여 버리니까 그런 거죠."
메리 "뭐라고! 언제 본 적 있어!"
도로시 "아무튼 실연을 잊기 위해서라도 이곳에 돌아와 일을 하는 게 나을 텐데. 그게 오히려 빨리 잊을 수 있는데…"
메리 "뭐야! 사람 말을…본 적 있냐고!?"

이렇게 하여 세 명으로 줄어든 우리 팀은 조셉의 후임자가 올 때까지 도로시가 잠정적으로 기획 운영을 맡기로 했다. 도로시는 지금까지 많은 경험을 쌓아 왔고, 일을 조직적으로 운영해 가는 능력이 뛰어났기 때문이다.

원래부터 나서기를 좋아하는 그녀는 한층 더 신이 나서 UN, RUF, 보건성 관리들과 여러 가지 의논을 하기 위하여 뻔질나게 외출을 했다.

심각한 문제로 발전할 수도 있었던 메리와 도로시의 대립은 메리가 5곳의 진료소를 본격적으로 운영하기 시작하면서부터 일주일에 5일간은 마그부라카에 없었기 때문에 피할 수 있었다.

나는 2002년 1월 말로 다가온 2주일간의 휴가를 앞두고 모든 의료 시스템을 완성시키려고 안달이 나 있었다.

MSF 사무실 건물

하와이의 바람둥이

초대 물자 조달 및 운반 담당자인 로빈슨이 돌아가고, 2번째인 조나단은 쫓겨나고, 대장 조셉은 귀국했다. 물자 조달 및 운반 담당자도 기획 운영 담당자도 없다. 이 때문에 12월 하순부터 우리 의료 팀 세 명에서 온갖 잡무를 나누어 맡아야 했다. 그러던 중, 드디어 후임 물자 조달 및 운반 담당자가 결정되었다.

로니라는 캐나다 인이었다. 22세의 남성으로 MSF 프로젝트는 처음이지만 다른 NGO 단체에서 2년간, 러시아에서 국제자원봉사를 했다고 한다. 그런데 다른 소식이 들려왔다. 그는 현재 하와이에 있고, 그곳에서 직항편으로 시에라리온에 올 예정이라는….

우리들 머릿속에는 불길한 예감이 스쳤다. 지금까지 우리 팀에 있었던 물자 조달 및 운반 담당자들은 빈말으로라도 성실했었다고는 할 수 없다. 그런데 다음 물자 조달 및 운반 담당자도 하와이에서 온다….

이러한 상황에 이제 웃을 수밖에 없었다. 그래도 눈코 뜰 새 없이 바빴던 12월을 간신히 넘긴 우리들은, 당분간은 그리 뛰어난 물자 조달 및 운반 담당자가 오지 않아도 될지 모른다고 생각하며 '이젠 누가 오든 상관없어' 하고 넘기기로 했다.

1월 중순, 마그부라카 팀의 세 번째 물자 조달 및 운반 담당자인 로니가 등장했다.

로니   "하이, 난 로니예요. 모두들 안녕하세요?"
도로시 "반가워. 난 도로시. 기획 운영 담당자야."
메리   "난 메리야."
토시   "안녕하세요. 토시입니다."
로니   "어? 다른 멤버들은 없어요? 간호사들은 다 어디 있어요?"
도로시 "나하고 메리가 간호사인데…?"
로니   "뭐라고요? MSF 간호사들은 모두 젊고 예쁘다고 들었는데요?"
메리   "뭐라고!"
도로시 "지금 뭐라고 했어? (험악)"

이때 도로시의 얼굴은 정말로 무서웠다.

로니는 젊고 밝은 성격이었다. 일하는 것도 그런대로 쓸 만했다. 시키는 일은 빠짐없이 무난하게 할 수 있는 능력이 있었다. 다만 약간의 불순한 목적을 가지고 있다는 낌새가 보였다.

그에게 불행했던 것은, 옆 마을의 마케니에는 아주 예쁜 여자 의사와 간호사가 있었고, 다른 주의 프로젝트 팀에도 한 사람 정도는 예쁜

조셉의 침실

여성 요원이 있는데, 이곳 톤코리리 주의 마그부라카 MSF 팀에는 주름투성이 메리와 나이 많은 간호부장 얼굴을 하고 있는 도로시밖에 없다는 것이었다. 참고로 이 두 사람의 연령은 46살과 47살이다. 22살의 로니가 로맨틱 대상으로 삼기에는 상당히 무리가 있다.

이런 상황에 나는 로니에게 동정을 보내지 않을 수 없었다. 로니는 할 수 없이 그쪽 방면은 포기하였는지, 매일 오후 3시만 되면 밖에서 현지 요원들과 배구를 했다. 청춘의 넘치는 에너지를 그렇게 소비해 버렸다.

그러던 어느 날, 레이첼에게서 한 통의 이메일이 도착했다. 제목은 '새로운 기획 운영 담당자' 맨 먼저 이메일을 수신한 나는 팀원 전원에게 소리를 질렀다!

7. 계획을 세우는 사람들

토시   "여러분, 드디어 새로운 기획 운영 담당자가 결정이 났대!"
도로시 "나보다 뛰어난 사람일까? 빨리 이력서를 보고 싶은데."
메리   "빠릿빠릿한 놈이 좋을 텐데."
로니   "어떤 사람이야? 토시, 빨리 열어 봐요."
토시   "오케이. 자…, 줄리아 브라운. 어, 여자다!"
로니   "뭐 여자라고요! 야호!"

    이때 로니가 기뻐하는 표정은 정말로 굉장했다. 한마디로 광란이었다. 하지만 몇 초 후, 그는 지옥으로 내동댕이쳐진다.

토시   "이봐, 로니. 또 있는데."
로니   "뭐가요?"
토시   "줄리아 브라운. 영국인. 여성. MSF의 경험 풍부. 46세…."
로니   "뭐!? 또 마흔 여섯이라고! 여기가 무슨 실버타운이야? 엄마가 한 사람 또 온 단 말이예요!"
메리   "☆★☆★☆!!"
도로시 "☆★☆★☆!!"

    그러나, 이 여성 기획 운영 담당자는 예정을 취소하고 오지 않았다.

8

휴가

부재의 실험

MSF에서는 파견 기간 중에 여러 가지 휴가가 있다. 파견되는 상황과 일의 내용에 따라서 휴가의 기간과 횟수가 다르다.

우선 기본적으로 휴가는 세 종류가 있다.
- 주말인 토요일, 일요일.
- 6주 간격으로 3일간의 R&R(Rest & Relaxation : 휴양과 기분전환).
- 3개월마다 1주일의 휴가 여행.

우선 주말 휴일인 토요일, 일요일부터 얘기해 보자. 이것은 순전히 자신에게 부여된 일의 내용에 좌우된다. 현지에서 입원 병동을 담당하는 임상의가 되는 경우, 성실한 의사라면 주말 따위는 없다. 오로지

하루 24시간 주말도 명절도 없이 일만 해야 한다. 이것은 일본의 입원 병동 담당 의사들도 마찬가지다.

의료 요원이 여럿 있을 경우 주말 담당이나 긴급 호출 담당을 분담하여, 2주일에 한 번의 '일요일'은 어떻게든 쉴 수 있도록 조정한다. 또한 주말이나 야간은 현지인 의사나 간호사에게 모든 것을 맡기고, 우리와 같은 파견 요원들은 모두 쉬는 경우도 많이 있다. 이러한 판단은 MSF의 통일된 방침이 있는 것이 아니라 각각의 현장에 있는 팀원들 스스로가 판단하여 결정한다.

외래 진료나 이동 진료소만을 운영하고 있을 경우 기본적으로 휴일에는 일을 하지 않는다. 이런 경우는 비교적 편한 경우이다.

다음으로 R&R이다. 6주에 한 번, 주말인 금, 토, 일을 이용하여 2박 3일의 휴가를 수도나 행락지에서 보내는 제도이다. 나는 이 6주에 한 번 있는 R&R을 조셉에 의해 강제로 쉬었다. 나 스스로는 아직 지치지 않았다고 생각했지만, 친절한 조셉이, "토시, 처음 하는 프로젝트이니 지치기 전에 좀 쉬어 두세요."하며, 반강제적으로 나를 프리타운에 보낸 것이다. 이러한 그의 판단은 정확했다. 조셉이 없어서 내가 R&R을 쓰지 못하게 된 뒤 얼마 후, 나는 결국 쓰러지고 말았다. 설사로 인한 탈수와 육체적, 정신적 피로의 한계, 그리고 누적된 러너스 하이가 한꺼번에 몰려온 모양이었다. 내가 직접 3리터 정도의 링거를 놓아 하루만에 억지로 일어났지만, 어쨌든 지금은 없는 조셉의 판단은 역시 옳았다.

R&R은 프로젝트를 수행하는 나라에 따라서는 없는 경우도 있다고

한다. 아내는 스리랑카와 이란에서 6개월 이상 파견 생활을 했지만, 그런 얘기는 들어본 적이 없다고 한다. 하지만 그녀가 피곤에 지치면 기획 운영 담당자의 판단으로 아내에게 휴가를 주어, 며칠씩 쉴 수 있었다고 한다. 역시 장소는 달라도 훌륭한 기획 운영 담당자의 '배려'는 똑같은 것인가.

마지막으로 3개월마다 있는 휴가 여행이다. 6개월간의 파견일 경우, 최초의 3개월 어느 시기에 1주일간의 휴가를 받고, 다음 3개월에 두 번째 1주일간의 휴가를 쓰는 것이 보통이다.

하지만 나는 지금까지 계속 바빴기 때문에 최초의 3개월에 1주일간의 휴가를 쓸 여유가 없었다. 때문에 파견 기간 후반에, 밀린 1주일까지 합쳐서 2주일간의 휴가를 받게 됐다.

이것은 나에게 있어서 아주 좋은 기회였다. 이번 파견에서 가장 중점을 둔 것은 '내가 돌아간 후에도 내가 있었을 때와 같은 의료 수준이 유지될 수 있는 시스템을 만드는 것'이었기에, 지금까지 진행해 온 의료 교육과 새로 도입한 병원 운영 시스템이 내가 없어도 정상적으로 돌아가는가를 확인할 수 있는 기회였다.

이러한 이유로 2주일간의 휴가 여행은 나에게 '즐거운 휴가'임과 동시에 '내가 만들어 온 것을 평가하는 시험대'이기도 했다. 때문에 이 휴가를 받기 전에 어떻게 해서라도 최소한의 필요한 의료 교육을 종료하고 병원의 시스템 구축을 완료해야 했던 것이다.

내가 2주일간의 휴가를 떠나기 전의 우리 마그부라카 병원의 병동 요원의 수준은 거의 완벽에 가까웠다. 바이탈사인을 세 시간마다 측정하여 중증이면 카를로스를 부른다. 정확히 근육 주사를 놓고, 매 시간마다 링거 속도를 조절하고, 병동 내의 음료수를 교환하며, 환자가 퇴원하면 시트를 새로 간다. 이것은 아주 일부분으로, 30항목이 넘는 매일 매일의 일과를 거의 모두 수행할 수 있게 됐다.

사실 이것은 나의 능력보다는 카를로스의 공로가 크다. 내가 가르치고자 하는 것을 병원 요원들이 잘 이해하지 못하면 카를로스가 그것을 간파하고 다시 한번 현장에서 가르쳐 준다. 즉, 주 1회의 강의와 매일 매일의 현장 트레이닝, 카를로스의 보조라고 하는 3단계 교육이 이루어져, 우리 병동의 의료 체제는 점점 완벽하게 움직여 갔다.

병동 운영의 종합적인 시스템 구축도 잠시 살펴보자. 병동 운영은 많은 정치적 요인들이 얽혀 있다. 여러 단체의 상급 관리자들과 사전 교섭을 해 놓아야 하는 것이다.

가장 큰 일은 레이첼이 수도에서 시에라리온 정부의 보건성이나 UN과 진행하고 있는 교섭, 그리고 MSF 네덜란드 본부에 요청하는 예산 신청이다.

시에라리온은 50명이 넘는 MSF 파견 요원과 상당한 액수의 예산이 배정되어 있어, 아프가니스탄 다음으로 세계에서 두 번째로 큰 규모의 프로젝트이다. 이러한 막대한 양의 예산을 지원 받기 위해서는 현지의 상황이 얼마나 열악한가를 알릴 필요가 있다. 이를 위해 우리 현장의 요원들은 월간 의료 보고서를 작성하여 그녀에게 보고한다.

참고로 시에라리온의 의료 통계 지표의 열악함은 유아 사망률을 비롯한 거의 모든 지표가 세계 1위(최악)이며, 아프가니스탄의 지표보다도 약 1.5배 정도 나쁘다.

실제로 가장 중요한 것은 현장에서 시스템을 만드는 것이다. 이것은 지금까지 설명한 것과 같은 정부 측 관리(보건소장, 경찰서장, 시장, 병원장 등)나 반란군 측 간부(RUF 장교), 제3세력인 UN, NGO, 각종 교단체, 대추장 등과의 교섭이다.

마지막으로 잊어서는 안 될 것이 마을 개발 위원회나 시크리트 소사이어티와 같은 현지 사람들의 생활과 밀접하게 연결되어 있는 작은 단체들과의 교류이다. 지역 사회에서 MSF의 활동을 인정받으려면 이러한 모든 단체와 교섭을 갖고 우호적인 관계를 유지해야 한다.

마을 개발 위원회(Village Development Committee: VDC)와의 교류에 대하여 살펴보자.

마을 개발 위원회는 촌장과 그의 가족, 추장들(대추장을 떠받들고 있는 하부 조직의 관리자들), 그리스도교계 단체가 만든 초·중학교의 교장 선생들(이 나라에는 의무 교육이 없기 때문에 공립학교는 거의 없다), 마을을 자위하고 있는 민간 청년 단체장들, 여성의 지위를 향상시키고자 하는 UN과 NGO의 후원을 받고 있는 여성 단체장들, 예부터 지역의 명사로 알려진 부호들 등으로 구성된다.

통상 그들은 MSF와 같은 국제 의료 NGO가 그들의 지역에서 무상 원조 활동을 하는 것에 대하여 호의적이다. 하지만 TV도 신문도 없는 이곳에서는 우리들이 마그부라카 주립 병원과 같은 시설에서 무료 의료 활동을 하고 있다는 것 자체를 모르고 있는 사람들이 아직도 많다.

이러한 홍보 부족 상태를 개선하기 위하여 나는 마을 개발 위원회에 호소했다. 말라리아와 같은 질병에 걸리면 가능한 빨리 우리 병원에 데려오도록 부탁했다.

이것은 상당한 효과가 있어, 매월 2천 5백 명이 넘는 환자가 찾아오게 됐다.

외래 환자가 늘어나면 여러 가지 부수적인 이점들이 있다. 하나는, 병원에 온 환자가 아이를 데려오면 그 기회에 백신을 접종할 수 있다. 이러한 백신에는 홍역, DTP(디프테리아, 파상풍, 백일해), 결핵, 소아마비가 포함된다. 또한 임산부를 위한 파상풍 예방 접종도 실시한다. 이것은 이 지역 전체의 감염에 대한 면역력을 높이는 효과가 있다. 백신은 UN의 유니세프로부터 무상으로 제공 받는다.

또 다른 이점은, 외래가 시작되는 오전 8시 30분경에 모여든 환자들을 대상으로 15분간의 '건강 교육'을 실시할 수 있다는 것이다.

나는 그 15분간에 아주 기본적인 위생 개념을 지도했다. 물론 보건소장과 포노 원장의 사전 허가를 받아서 실시했다.

구체적으로는, 나의 평가 시험에서 비교적 고득점을 받은 현지 요원을 골라 그에게 기본적인 위생 개념을 모두 가르친다. 그리고는 그를 '건강 교육'을 실시하는 전문 강사로 만들었다.

강의 내용은 다음과 같다.
- 질병을 이겨 낼 수 있는 몸을 만들려면 단백질(계란, 닭고기, 민물고기, 콩)을 먹어야 한다.
- 음식물은 가능한 한 삶거나 구워서 먹고, 야채는 잘 씻어 먹는다.
- 설사와 고열이 있을 때에는 우선 물을 충분히 마신다. 유아인 경우에는 모유 수유를 계속한다.
- 설사에는 바나나와 코코넛 주스가 좋으며, 오렌지와 망고는 설사

- 를 악화시킨다.
- 말라리아를 옮기는 모기는 주로 밤에 활동하기 때문에, 밤에는 긴 바지와 긴 팔 옷을 입는다.
- 말라리아에 걸리면 가능한 빨리 병원에 와 약을 먹는다.
- 맨발로 다니면 기생충에 감염되어 빈혈 등이 생긴다. 그러므로 맨발로 다니지 않는다.
- 강이나 늪지의 물에는 위험한 기생충들이 있으므로 그대로 마셔서는 안 된다. 끓여서 먹는다.
- 많은 이성과 성 관계를 가지면 성병에 걸린다. 에이즈에 걸리면 결국 죽게 된다.
- 어떠한 약이라도 의사의 지시대로 복용하지 않으면 효과가 없으며 오히려 독이 된다.

15분간의 강의이므로 실제로는 몇 가지가 더 있는데, 의무 교육을 받지 못한 사람들도 알아들을 수 있도록 종이에 커다란 그림을 그려서 설명한다.

이 밖에도 제3장에서 상술한 것과 같이, 이곳에서는 갓 태어난 신생아의 탯줄을 땅바닥에 부비는 풍습이 있다. 이것은 신생아 파상풍을 일으켜 죽을 수도 있으므로 가능하면 피하는 게 좋다는 이야기도 한다.

외래 진료를 시작하기 전에 실시하는 건강 교육은, 내가 있는 마그부라카 병원뿐만이 아니라 메리가 운영하고 있는 진료소에서도 실시됐다. 또한 각 마을의 마을 개발 위원회 사람들과도 내가 직접 만나,

병에 걸리면 빨리 진료소에 올 것과 건강교육에 대한 이해를 구했다.

여기서 잠깐 계산을 해 보자. 이곳 톤코리리 주에는 마그부라카에 있는 5만 명을 포함하여 약 35만 명의 사람들이 살고 있다. 이곳 마그부라카 병원과 주변의 5개 진료소에는 하루에 각각 250명의 환자가 찾아온다. 결국 한 달에 1만 5천 명의 외래 환자가 찾는 것이다. 이것을 1년간 계속하면 18만 명의 외래 환자가 찾아온다는 계산이 나온

외래진료를 시작하기 전에 건강교육을 실시하고 있는 간호보조원

다. 이것은 35만 명의 톤코리리 주 인구의 절반 이상에 해당하는 숫자로 상당한 효과를 낼 수 있다는 것을 알 수 있다. 하지만 이것만으로는 병원을 찾는 '서양 의학에 흥미가 있는' 사람들만 위생 개념을 갖게 되는 것이 아닌가 하는 의문이 남는다. 이 때문에 나는 마을 개발 위원회와 시크리트 소사이어티에 협조를 구했다. 촌장에게는 마을 집회에서 이와 같은 건강 교육을 실시해야 한다는 것을, 그리스도교계의 학교 선생들에게는 학생들에게 위생 개념을 가르쳐야 하는 중요성을 설명했다.

청년 단체장이나 여성 단체들은 오히려 그쪽에서 적극적으로 협력해 줬다. 이러한 협력을 부탁할 때 서툴지만 그들의 언어로 말하며, 그들의 문화를 존중하는 듯한 자세(그들과 같은 방법으로 인사를 나누는 등)를 취한 것은 나름대로 의미가 있었던 게 아닌가 생각한다.

시크리트 소사이어티의 중진들도 사람들에게 건강 교육을 실시해야 하는 중요성을 이해해 줬다. 다만, 이 부분은 마그부라카 병원의 조지 사무장이 하루 종일 병원에서 발버둥치고 있는 나의 모습에 '질려서' 마지못해 협력해 준 것에 가깝다. 그는 병원의 사무장인 동시에 마그부라카에 있는 가장 큰 규모의 시크리트 소사이어티 간부이다. 그가 움직이자 시크리트 소사이어티에 실시하는 '건강 교육'은 놀랄 정도로 순조롭게 진행됐다.

이렇게 하여 휴가를 떠나기 전에 모든 단체와의 관계는 양호하게 일단락되었고, MSF가 세운 마그부라카 병원과 진료소는 지역 사회로부터 인정받게 됐다.

검은 대륙의 역사

자, 그럼 2주일간의 휴가 이야기이다. 여기는 초콜릿의 나라 가나이고 옆에는 아내가 함께 있다. 방금 호텔 발코니에서 아내가 내 머리를 전기 컷트기로 빡빡 밀어 버렸다.

통상 MSF의 휴가는 파견된 나라에서 보낸다. 아내가 스리랑카나 이란에 파견되었을 때 휴가를 받으면, 나도 그 나라에 가서 아내를 만났다. 그 나라의 관광지에서 합류하여 1~2주일간의 휴가를 함께 보냈다.

하지만 시에라리온은 일본의 외무성이 공표하는 위험도 5에서도 알 수 있듯이, 전쟁(내전) 중에 있는 나라이므로 편안하게 휴가를 보낼 만한 곳이 어디에도 없다. 그래서 우리들은 비교적 가까이에 있는 관광국 가나에서 2주일간의 휴가를 보내기로 했다.

가나는 초콜릿으로 유명한 나라이다. 하지만 그 이면에는 수많은 어두운 역사가 숨어 있다.

  17세기 이후, 유럽 제국의 식민지 쟁탈전의 한복판에 있었던 가나는, 지배하는 나라가 자주 바뀌는 굴욕적인 역사를 경험한다. 가나에서는 황금과 상아 그리고 노예가 대량으로 유럽과 남아메리카로 수출되었다. 이 때문에 가나 부근의 기니 만에 면해 있는 해안을 황금해안, 상아해안 또는 노예해안이라고도 불렀다.

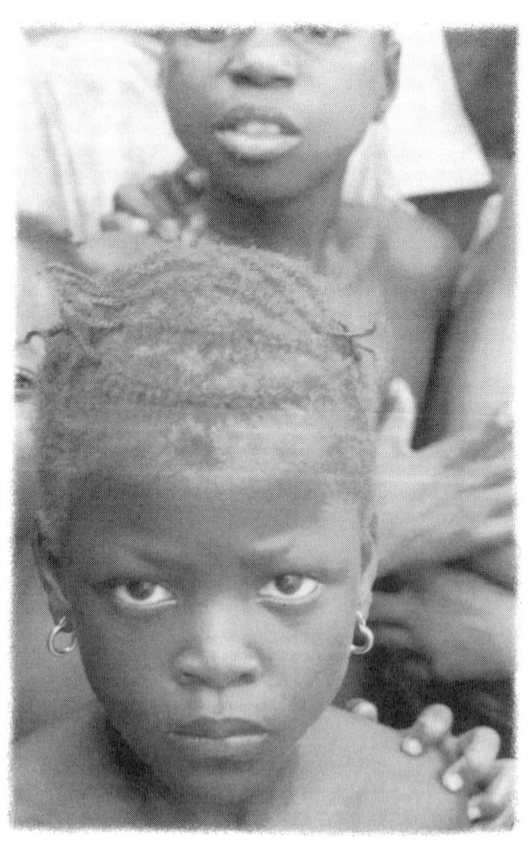

이 해안에는 노예를 수출하기 전에 일시적으로 수용했던 수많은 시설들이 아직도 남아 있다. 지금은 '어두운 역사를 잊지 않기 위한 세계 문화유산'으로 지정되어 있다. 이러한 어두운 역사의 유산이 남아 있는 항구 도시 에르미나가 지금은 관광지로서 번성하고 있다는 사실은 역사의 아이러니가 아닐 수 없다.

나는 이곳 에르미나에서 지난 4개월간의 피로를 씻기로 하고, 선진국에 뒤지지 않는 시설을 갖추고 있는 호텔에 자리를 잡았다. 이 항구 도시는 왜 그런지는 모르지만 바다 가재가 맛이 있다. 꽤 많은 양이 잡히는지 값도 아주 싸다. 그래서 나는 레스토랑을 들락거리며 매일같이 먹어 댔다. 매일 다른 조리법의 요리를 주문해 먹는데도 모두 맛이 있다. 가나는 현재 정치 상황이 안정된 관광지로서 유럽인 관광객들도 많고, 레스토랑의 맛도 일류이다. 하긴 시에라리온에서 채식만 하며 견뎌왔기에 뭘 먹어도 눈물이 날 정도로 맛이 있다.

2주일의 휴가 동안, 돌아다니면 피곤하다는 핑계로 거의 움직이지 않고 오로지 먹고 자며 영양을 보충해, 체력적으로는 거의 최상을 회복했다. 15킬로그램이나 줄었던 체중도 5킬로그램 정도 다시 회복됐다. 이렇게 준비에 만전을 기하고 시에라리온에 돌아가게 되는데, 그전에 몇 가지 얘기해 둘 게 있다.

초등학교 6학년 때 나는 아버지를 따라 아프리카에 간 적이 있다. 동아프리카에서 수백 마리의 파리가 앉아 있는 음식을 아무렇지도 않게 먹는 사람들을 본 이야기는 이미 앞에서 소개했지만, 아프리카에서 내가 경험한 것은 그것만이 아니었다. 당시 나는 아프리카의 역사를 상징하는 나라를 방문하게 됐다.

그것은 남아프리카공화국이었다. 내가 방문한 1976년경의 남아프리카공화국은 유색 인종 차별 정책의 최전성기로 백인이 흑인을 노예처럼 부리고 있었다. 공항이나 레스토랑에는 입구나 화장실이 두 개씩 있어, 백인용과 흑인용으로 나뉘어 있었다. 백인용은 깨끗하게 청소되어 있고, 흑인용은 아주 더럽혀져 있는 식이다.

당시 초등학교에는 백인만이 들어갈 수가 있었다. 교사는 백인 어린이들을 향해 '너희들은 영예로운 백인이며, 국가의 지도자가 될 사람들이다. 흑인들은 너희들에게 봉사하기 위해서 태어났다'라고 가르쳤다. 학교에서 이렇게 가르친 것이다! 믿어지십니까?

당시 세계 각국에서 유색 인종 차별 정책에 대한 비판이 끓어올라, 남아프리카공화국에 대한 각국의 경제제재가 가해졌다. 수출입을 할 수 없도록 한 것이다. 이런 와중에도 무슨 이유인지 일본은 선진국 중에서 유일하게 남아프리카공화국과의 수출입을 중단하지 않았다. 이 때문에 일본인은 유색 인종이면서도 공항이나 레스토랑에서 '백인용 화장실'을 사용할 수 있는 특권(?)을 얻게 됐다.

이리하여 당시 초등학생이었던 나도 백인용 화장실에 들어갈 수 있었는데, 나는 이것을 창피하게 여겼다. 뭐랄까, 특별히 정의감이 강했던 것도 아니었는데, 왠지 '뭐라 말할 수 없는 차별의 냄새'를 느끼고 꼭 흑인용 화장실에 들어간 것이 생각난다.

1993년, 유색 인종 차별 정책은 전면적으로 철폐되었지만, 이것으로 인종 차별 문제가 끝난 것이 아니다. 당시 초등학교 선생님에게서 '백인이 흑인보다 우월하다'고 배운 세대가 현재는 성인이 되어, 남아프리카공화국의 정치와 경제를 움직이고 있다. 이 문제가 정말로 해결되려면 아마도 긴 세월이 필요할 것 같다.

아프리카의 국가들은 그 대부분이 유럽 제국에 지배당하거나 노예로 팔려 간 굴욕의 역사를 가지고 있다. 1960년 전후의 민족 해방 운동에 의해 아프리카 각국은 하나 둘 독립을 하게 되지만 그것으로 사람들이 행복하게 살 수 있게 된 것은 아니다.

유럽 인들이 제멋대로 그어 놓은 '국경'이라는 이름의 정치 구분은 어쩔 수 없이 그 안에 같이 있게 된 민족 간의 다툼과 긴 내전을 야기했다. 이러한 내전은 거의 모든 지역에서 아직도 계속되고 있으며, 대량의 난민과 국내 난민을 만들어 내고 있다.

그럼 시에라리온의 이야기로 돌아가자. 우선 이 나라의 역사를 대충 돌이켜 보아야 한다.

15세기 포르투갈 탐험대가 처음 이 땅에 들어왔을 때, 멀리서 격렬한 천둥이 쳤다고 한다. 그 소리가 사자(포르투갈 어로 리온)가 우는 소리와 비슷하다고 하여, 포르투갈 어로 '시에라 리온(사자의 산)'이라는 국명이 붙여졌다. 실제로는 예로부터 사자가 거의 살지 않는다.

17세기 대항해 시대부터 유럽 제국은 식민지 쟁탈전을 벌인다. 이때 시에라리온을 정복한 나라가 대영제국이었다. 이후, 20세기 중반까지 영연방의 일원으로서 독립할 때까지, 이 나라의 주권은 현지인에게 없었다.

1961년 영국에서 독립한 시에라리온은 수도 프리타운을 중심으로 희망에 부풀어 있었다. 프리타운은 이름 그대로 영국이나 남부 아프리카에서 해방되어 돌아온 노예들이 만든 도시로, 자신들의 미래에 대한 염원이 담겨 있는 이름이다.

그런데 프리타운을 중심으로 한 해방 노예의 자손들(쿠리오 족)과 예로부터 현지 토착 부족이었던 티무니 족과 멘디 족, 이 3대 부족 사이에 권력 투쟁이 촉발되었고, 여기에다 군대에 의한 쿠데타까지 일어났다. 이 때문에 빈번하게 정권이 뒤집히고 경제와 국민들의 생활도 안정되지 못했다.

그런 가운데 치명적인 사건이 된 것이 RUF(혁명통일전선)의 등장이다. 제3장에서 설명한 대로, 시에라리온에서 생산되는 다이아몬드의 이권을 노리고 인접국인 라이베리아 대통령이 군대를 침투시켜, 시에라리온 국내의 혁명군 행세를 하도록 한 것이다.

RUF는 라이베리아의 군사적 후원이 있었기 때문에 압도적인 전력을 자랑하였고, 승리한 뒤에는 시에라리온 정부군을 하나하나 흡수하여 조직을 더욱 키워 갔다. 이후 내전은 10년 이상 계속되어 정치, 경제, 의료를 포함한 모든 시스템이 황폐화된 것은 앞서 설명한 대로이다.

한번 생각해 보기를 바란다. 아프리카 각국에서 내전이 계속되고 있는 근본 원인은 유럽 열강이 온 세계에 식민지라는 이름으로 경계선을 긋고, 노예 제도를 도입하였기 때문이다.

현재 유럽 제국에는 다양한 NGO들이 아프리카에 원조를 보내고 있지만, 이것도 한번 잘 생각해 봐야 한다. 이러한 활동은 경우에 따라서 '인도적 원조'라는 고상한 이름을 빌린 문화적인 침략이 될 가능성도 있다.

무슨 말인가 하면, 아프리카에는 그들 나름대로 이어 온 수천 년에 걸친 문화와 역사를 가지고 있는데도, 국제자원봉사이라는 미명아래 서구형 자본주의에 의한 개발과 서양 의학, 남존여비의 철폐나 가정 내 폭력 금지 등이 '현지의 정서를 무시한 형태로' 이루어지고 있다.

물론 현지인들이 그것을 희망하고, 그들 자신이 '선택' 한 것이라면 좋겠지만, 외부에서 들어온 사람들이 근엄한 표정을 지으며 '가난한 사람들에게 베풀어 주겠다' 는 식으로 생각하는 데에 문제가 있다. 이러한 문제를 '피스 콜로나이제이션(Peace Colonization: 인도주의의 탈을 쓴 문화적 침략 행위)' 이라고 하며, 양심 있는 저널리스트로부터 비판을 받고 있다. 유럽만을 예로 들었지만, 일본도 마찬가지로 한반도나 동남아시아 등에서 똑같은 죄를 지었다.

앞으로 우리들은 같은 역사를 밟지 않도록, 또다시 '침략' 을 하지 않도록 각별히 주의해야 한다.

성욕의 해소

반년 동안 해외에 있으면 남녀 관계는 하나의 중요한 문제이다.

남자에 대한 면역이 없는 여성이나, 아랫도리 얘기가 싫은 사람은 이 장을 건너뛰는 것이 좋을지도 모르겠다.

국제자원봉사에 참가하는 사람들 중에는, 외국인 파견 요원과 사귀는 사람도 있고, 현지의 아프리카 인이나 아시아 인을 애인으로 삼는 사람도 있다. 진심으로 사귀는 사람도, 그렇지 않은 사람도 있다. 하지만 어느 쪽의 경우도 오래가는 커플은 많지 않은 모양이다.

이곳 마그부라카와 인접한 마을은 기획 운영 담당자와 간호사가 연인 관계이며, 그 옆 마을은 간호사와 물자 조달 및 운반 담당자가 연인 관계이다. 더구나 이들은 휴일에는 대낮부터 당당하게 '밤일'을 벌인다고 한다. 또 다른 마을에는 현지인 여성을 '밤의' 애인으로 삼고 있는 남성 물자 조달 및 운반 담당자와, 어느 국제단체의 병사와 사귀고 있는 여성 심리요법 치료사도 있다.

한마디로 거의 모든 프로젝트 현장에서 이러한 일들이 일어나고 있으며, 이러한 스캔들이 없는 곳은 이 곳 마그부라카뿐일 것이라고 생각했다. 그런데 그게 아니었다. 이곳 마그부라카에서도 일어나기 시작한 것이다. 새로 온 모 물자 조달 및 운반 담당자가 현지의 아름다운 여성을 자기 방으로 데려가기 시작했다.

물론 그들을 비난할 생각은 털끝만큼도 없다. 다만 주변 상황이 이렇게 되면 나도 안달이 나서 일에 지장을 초래하지 않을까 하여 적당한 성욕 해소 방법을 가지고 있어야 했다.

이러한 일은 일본을 출국하기 전부터 예상하고 있었던 것으로, 내 나름대로 세운 방책이 있었다. 그것은 컴퓨터 게임인 '옷 벗기기 마작'이다.

'옷 벗기기 마작'은 간단하다. 마작에 이기면 여자가 옷을 벗는데, 다섯 번을 연속해서 이기면 '홀딱쇼'가 되며 종료된다. 내가 가지고 있던 게임은 옷 벗기기 마작 게임의 종합편과 같은 소프트웨어였기 때문에 등장하는 여자의 수가 무려 34명이나 되고 아무 여자나 골라잡을 수 있었다. 이 정도의 숫자라면 6개월은 걱정 없겠지 하고 생각했는데… 그냥 간신히 참았다고 해 두겠다.

옷 벗기기 마작 덕분에 나의 마작 실력은 비약적으로 늘었다. 원래부터 상기 5단의 실력을 자랑하던 나는 이러한 지능 게임에 아주 강했다. 여기에 불순한(?) 동기가 더해지자 그 실력은 거의 무적에 가까울 정도였다. 승률은 90퍼센트를 넘었고, 이제는 프로 마작을 해도 되지 않을까 하는 생각까지도 들었다.

그런데, 그래도 적은 있었다. 그것은 마그부라카 병원의 야간 긴급 호출이었다. 마음에 드는 여자를 골라 마지막 하나만 벗기면 되는 상황에서 긴급 호출이 오면, 문득 내가 만든 '야간 호출의 기준'이 원망스러워졌다. 이때만은, 야간에 나를 호출하는 호흡수의 기준을 10회 정도 늘려 버릴까 하고 생각했을 정도이다.(농담입니다, 농담)

적은 또 하나 있었다. 바로 시간이다. 강의 교재를 만드는 것이라면 사무소 책상 위에서 낮에 충전해 놓은 전기를 사용하여 당당하게 할 수 있겠지만, 옷 벗기기 마작을 사무소 책상 위에서 할 정도의 담력이 나에게는 없었다.

할 수 없이 전원이 없는 침실로 노트북을 가지고 가서, 내장 배터리로 게임을 할 수밖에 없다. 이때 문제가 되는 것이 바로 시간의 제약이다. 내가 가지고 있는 소니 노트북의 배터리 가능 시간은 원래 2시간이지만, 좀 낡아서인지 실제로는 1시간 30분 정도밖에 가지 않는다. 결국 1시간 30분 안에 5번의 게임을 해서 그것도 모두 이겨야 홀딱쇼를 감상할 수 있게 된다. 직접 해 보면 알지만 결코 쉬운 일이 아니다. 고도의 집중력과 지구력을 필요로 하며, 동시에 완벽해야 한다. 결국 1시간 30분 안에 실패라도 하게 되면 소니의 기술력을 원망하며 "역시 도시바 노트북을 살 걸 그랬어." 하는 엉뚱한 불평을 늘어놓았다.

이렇게 내가 건전한 노력을 하고 있을 때, 또 하나의 구원의 손길은 일본에 있는 아내가 가끔씩 보내 주는 빨간 잡지였다. 나는 일본을 나올 때 아내에게 확실하게 일러두었다.

"난 무조건 예쁘고 날씬한 여자가 좋아." 하고 말이다.

그래서인지, 아내는 그러한 여성이 화보에 실린 잡지를 골라 네덜란드의 MSF 사무소로 보내 줬다. 실제로는 6개월간 2번뿐이었지만, 소포의 내용물이 이러한 것이었다는 것을 까맣게 모르는 파견 요원은 친절하게 시에라리온까지 소포를 가지고 와서, 다시 수도에서 이곳 마그부라카까지 랜드 크루저에 싣고 와서 전달해 주었다. 미안해요. 그리고 고마워요.

아내가 보내 준 잡지는, 첫 번째가 'FLASH(플래시: 야한 사진 위주의 주간지), 두 번째가 'The Best' (남성용, 밤거리의 오락 정보지)였다. 아내가 왜 이것을 골랐는지는 모르지만, 화보에는 예쁘고 날씬한 여자들이 가득 실려 있었기에 나로서도 불만은 없었다.

나는 공평한 인도주의를 실천하기 위해 이곳 마그부라카에 온 것이기 때문에, 동료들과 이러한 행복을 나누고자(?) 이 잡지를 로니에게 보여 줬다. 그러자 로니는 열심히 그것을 들여다보더니, 제발 부탁이니 하루만 빌려 달라고 했다. 빌리는 거라면 뭐… 해서 그날 밤 로니에게 잡지를 맡겼는데….

그날 밤, 로니의 거처에는 아까 말한 현지 아가씨가 놀러 온 모양이다. 그 후 로니와 그 아가씨가 어떻게 밤을 보냈는지는 나도 알 수 없다. 다만, 다음 날 아침 로니가 눈을 떠 보니 그녀의 모습은 없었고, 내가 빌려 준 잡지도 함께 사라졌다는 것이다. 로니의 말에 의하면, 그녀는 금방 돌아오겠다고 하고 나갔다는데, 그 뒤, 그 아가씨도 내 소중한 잡지도 마그부라카에는 영원히 돌아오지 않았다.

그 후 얼마 되지 않아 나에게는 또 한 번의 기회가 찾아왔다. MSF

일본이 나를 취재하러 온다는 것이었다. 들어 보니, 취재진은 남성 비디오 카메라맨 한 명과 여성 카메라맨 한 명, 그리고 여성 리포터 한 명이었다. 나는 재빨리 그 남성 비디오 카메라맨에게 이메일을 보냈다.

"선물로 야한 잡지를 갖다 주면 고맙겠습니다. 평범한 것으로 괜찮습니다."

그러자 바로 답장이 왔다.

"알았습니다. 보통 것으로 가지고 가겠습니다."

1주일 후, MSF 일본의 세 사람이 이곳 마그부라카에 왔다. 서로 인사를 나누고 나는 그에게서 '선물'을 받았다. 재빨리 내 방에 들어가 내용물을 확인해 보니, 거기에는 '보통'의 야한 잡지가 들어 있었다. 제목은….

'젖가슴공주 뿅뿅'

9

커다란 계획

새로운 도전

2002년 2월 초, 나는 가나에서의 휴가를 마치고 시에라리온으로 돌아왔다. 나의 남은 임기는 앞으로 한 달 반이다.

마그부라카에 돌아와 맨 먼저 찾은 것은 카를로스였다.

"어땠어? 나 없는 동안에 무슨 문제는 없었어?"

"아니, 특별한 일은 없었어. 큰 사건도 없었고"

이 한 마디로 충분했다. 내가 채용하여 교육한 간호보조원들은 배운 그대로 의료 활동을 하고, 근무표에 적힌 대로 일을 했던 것이다. 이 이야기를 듣고 나는 안심할 수가 있었다.

다음은 보다 객관적으로 시스템을 평가해야 했다. 그것은 소아과 병동의 병동사망률(입원한 환자가 보람도 없이 사망해 버리는 비율)이다. MSF가 정식으로 이 병원에 개입하기 전까지, 이 병원의 입원 환자 병동사망률은 25퍼센트 이상이었다. 내가 본격적으로 이 병원에 뛰어든 12월에 병동사망률은 7퍼센트까지 내려갔다.

휴가로 내가 없었던 1월의 수치를 걱정하고 있었는데, 결과는 6퍼센트까지 내려가 있었다.

이 결과에는 나도 놀랐다. 이제 더 이상 내가 필요 없다는 결론이다. 물론 요원들의 교육과 병동의 운영 시스템이 어수선했던 12월의 소아과 병동과 비교하여, 거의 모든 준비가 끝나고 진료에만 전념할 수 있었던 1월의 수치가 좋아질 거라는 예상은 어느 정도 하고 있었다. 하지만 1월 후반에 내가 없었기 때문에 내가 없어도 그들이 성실하게 일을 할까 하는 커다란 의문이 있었다. 그런데 실제로는 카를로스가 나를 대신하여 나 이상으로 엄격하게 그들을 지도하여, 병동의 의료 수준은 전혀 떨어지지 않았던 것이다.

다음으로 실시한 것은 요원들이 실제 어느 정도의 의료 기술을 습득했는가를 테스트하는 필기시험이다. 여기에는 두 가지 시험 문제가 준비되었다. 하나는 지난 11월 초에 실시한 것과 똑같은 '기본 평가 시험'(제5장)이고, 또 하나는 '응용 평가 시험'으로, 일본의 간호사 국가시험 수준과 똑같은 내용을 준비했다.

그 결과 첫 번째 기본 평가 시험에서는 11월 초 평균 10점이었던 것이 2월 말인 지금은 평균 50점이었다. 상당히 개선되었으므로 그런대로 교육 효과가 있었다고 해도 좋을 듯했다. 상급 시험인 응용 평가 시험의 평균 점수는 31점이었다. 이것도 정규 간호사에게 요구되는 능력의 30퍼센트를(의무 교육조차도 받지 못한 사람들이) 겨우 3개월 만에 얻은 결과치고는 결코 만만치 않은 점수였다.

그중에서도 눈에 띄는 것이, 지금까지 몇 번인가 등장했던 수재 제임스이다. 그는 이번 시험에서 1등을 했는데 그 내용이 놀라웠다.

기본 시험은 99점으로 거의 완벽했다. 응용 시험은 81점인데, 이 점수는 그가 당장 일본의 간호사 시험에 응시한다 해도 간단히 합격할 수 있는 수준이다. 제임스에는 미치지 못했지만, 기본 시험에서 80점 이상, 응용 시험에서 60점 이상의 성적을 기록한 사람이 두 명 더 있었다.(이미 잠깐 등장했던 존과 마리) 이 세 사람의 우수한 요원이 나의 소아과 병동에서 탄생했다. 이 숫자는 오전, 오후, 야간의 세 근무 시간대를 커버하는데 꼭 필요한 인원으로, 앞으로 소아과 병동은 이 세 사람이 있는 한 안정될 것이다.

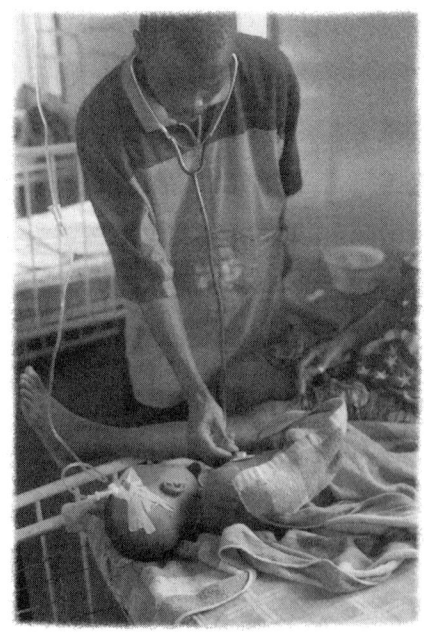

수재 자원봉사 간호보조원 제임스

이 세 사람을 고정 근무 요원으로 하고 나머지 요원은 3개월마다 교체하는 로테이션 시스템도 4월부터 정식으로 시작하게 된다. 즉, 우수한 세 사람 이외의 요원은 바이탈사인과 같은 가장 기본적인 훈련을 받은 뒤에 병원 전체의 교육 기관이기도 한 '소아과 병동'을 졸업하게 된다. 다음 3개월은 다른 요원이 소아과 병동에서 교육을 받는다. 이것은 작년 11월에 조셉과 내가 함께 생각해 낸 시스템인데, 조셉이 없는 지금 그것이 실현되고 있었다.

이와 같은 결과에 나는 대만족이었다. 이 사실은 레이첼의 귀에도 들어갔다.

작년 9월에 수도 프리타운에 부임해서 "내 신념대로 교육에 힘을 쏟고 싶다"고 레이첼에게 말한 게 5개월 전이다. 그 성과를 숫자로 보여 준 나에게 곧 바로 다음과 같은 이메일이 왔다.

"토시, 톤코리리 주뿐만이 아니라, 봄바리 주, 포트 로코 주, 캄비아 주, 웨스턴 에리어 주, 이 다섯 개 주에서 요원들의 교육과 병동의 시스템 구축을 지도해 주었으면 해요. 그리고 말라리아, 폐렴, 설사, 탈수의 공통 치료 매뉴얼 작성도 부탁해요."

이 제안에 나는 곧바로 OK를 보냈다. 톤코리리 주에는 내가 할 일이 더 이상 아무것도 없었기 때문이다. 현지 요원들이 자립 가능한 상태가 된 이상, 현장에 내가 직접 있을 필요는 없다. 도난과 같은 불미스런 점검만은 필요하겠지만, 모든 것을 카를로스와 제임스 같은 우수한 간호보조원들에게 맡기고, 나는 단지 감독역할로서 그들을 지켜보고 있으면 된다.

한편, 사망률 저하나 교육 효과의 결과에 자신감을 갖게 된 나는 이 시기에 좀 더 큰 목표를 갖게 되었다. 좀 더 많은 사람들에게 자신의 능력을 시험해 보고 싶어진 것이다.

이런 나에게 레이첼의 제안은 '구세주'였다. 그녀가 나에게 의뢰한 내용은 메디컬 코디네이터가 하는 일로, 그 담당 영역은 시에라리온 북부에 있는 모든 주에 해당된다. 활동적이며 하고 싶었던 것과 꼭 맞아 떨어졌기 때문에 나는 즉시 준비에 착수했다.

수준의 격차

시에라리온에는 13개 주가 있다. 이 가운데 MSF 네덜란드는 서북쪽 5개 주에서 활동하고 있고, MSF 프랑스와 MSF 벨기에가 나머지 주를 담당하고 있다.

각 주에는 각각 5명 안팎의 파견 요원들이 배치되어 있는데, 레이첼이 나에게 부탁한 것은 MSF 네덜란드가 담당하고 있는 5개 주에 대한 감독이다.

나는 마지막 한 달을 이용하여 각지를 순회하기로 했다. 각 주에 며칠씩 머무르며 병원 운영의 상태를 '사정'하고 그 결과에 따라 교육과 지도를 실시한다. 그리고 시에라리온의 모든 주에서 사용될 수 있는 공통치료 매뉴얼을 작성하기로 했다.

당연한 이야기이지만, 이러한 활동을 하기 위해서는 나름대로의 준비가 필요했다. 각 주의 병원을 일정한 기준으로 평가할 수 있도록

'점검 사항을 적은 리스트'를 만들고, 또한 각 병동에서 이루어져야 할 '매일 매일의 관찰, 치료, 기본적 위생' 내용도 기준을 통일시켜야 했다. 여기에 말라리아 등에 대한 공통 치료 매뉴얼에 대한 치료를 맡은 요원들의 의견을 듣기 위해 먼저 '초안'도 만들어 둘 필요가 있었다.

이 때문에 한동안 나는 책상 앞에서 꼼짝하지 못했다. 그로부터 1주일 후, 나는 각 병원을 평가하기 위한 점검 용지, 교육용 프린트, 각 질환의 치료 매뉴얼을 가지고 출발했다.

내가 만든 점검 내용은 다음과 같다.
① 바이탈사인은 하루에 몇 차례 체크하는가?
② 환자의 중증을 평가하는 시스템은 있는가?
③ 소변의 횟수, 대변의 횟수, 식욕을 체크하고 있는가?
④ 이상을 모두 기록으로 남기고 있는가?
⑤ 치료약은 시간에 맞춰 투여하고 있는가?
⑥ 근육주사를 투여하기 전에 피부 소독을 하고 있는가?
⑦ 치료를 맡은 요원은 링거 속도를 적절하게 조절하고 있는가?
⑧ 외래 환자, 입원 환자에 대한 식수 공급 시스템은 적절한가?
⑨ 화장실의 위생 상태는 적절한가?
⑩ 환자가 퇴원한 후, 침대 시트를 교환하여 세탁하고 있는가?
　　이러한 내용이다(실제 내용은 훨씬 세세하다).

그 결과 놀라운 사실을 알게 되었다. 그것은 같은 MSF 네덜란드가 후원하고 있는 병원이지만 의료 수준에는 커다란 차이가 있다는 사실이었다. 우수한 곳은 터무니없이 수준이 높고, 수준이 낮은 곳은 믿을 수 없을 정도로 낮았다.

구체적으로 알기 쉽게 설명하자. 톤코리리 주의 북쪽 옆에 있는 봄바리의 주도(州都) 마케니Makeni에 있는 주립 병원의 실태는 최악으로, 입원 환자에 대한 바이탈사인을 하루 한 차례도 체크하고 있지 않았다. 가끔씩 요원의 기분이 내키면 체크할 뿐이었다. 또한 환자에게 내복약이나 근육주사를 투여한 후에도 그것을 기록으로 남겨 확인하는 시스템이 없으며, 때로는 치료조차도 하지 않았다.

한마디로 의사가 '이 환자에게는 이렇게 처치를 하게' 하고 지시를 해도, 간호보조원들은 그것을 잊고 하지 않는 것이다. 이런 상태에서는 입원하는 의미가 있는지조차도 의문이었다.

MSF 네덜란드가 담당하고 있는 다섯 개 주

이곳 마케니에는, 이 외에도 다음과 같은 문제점들을 한꺼번에 안고 있었다.
- 팀 프로그램: 간호사와 물자 조달 및 운반 담당자가 싸워서 결국 두 사람이 모두 귀국함.
- 에이즈 테스트 없이 수혈: 수혈 전에 헌혈한 사람의 에이즈 검사를 해야 함.
- 약제사가 약품을 훔침: 매일 수천 개에 달하는 클로로킨 정제가 분실되고 있음.
- 지역 보건성과의 마찰: MSF와 지역 관리들과의 관계가 원활하지 못하여 지난달에도 한번 병원에서 쫓겨남.

이에 반하여 포트 로코 주에 있는 영양실조 어린이를 위한 치료적 식품보급센터(Therapeutic Feeding Center : TFC)는 한마디로 놀라울 정도였다. 중증환자에 대해서는 무려 매 시간마다 링거의 속도를 점검하고 있는 것이었다! 여기에는 나도 감탄할 수밖에 없었다. 매 시간마다 링거의 속도와 환자에게 투여된 수분의 양을 체크하고, 그것을 기록한다는 것은 거의 일본의 대학병원 ICU(집중치료실)와 같은 수준의 간호 체계이다.

나는 마그부라카 병원의 소아과 병동에서는 3시간마다 바이탈사인과 링거 속도를 체크하도록 했지만, 수도 프리타운의 MSF 본부에서 '3시간마다 하는 것은 너무 많지 않아' 하고 혹시 제동을 걸지 않을까 걱정했을 정도이다. 그런데 이곳 포트 로코에서는 링거 관리를 매 시간마다 하며, 더구나 그것이 아주 순조롭게 기능을 발휘하고 있었다.

마지막으로 캄비아 주립 병원에 대해서도 살펴보자. 이곳은 평균적인 아프리카의 NGO 병원이라는 느낌이었다. 바이탈사인은 하루 1회, 아침에 체크했다. 링거 속도의 체크는 처음 링거를 투여할 때 한 번만. 물은 우물에서 퍼 올려 커다란 탱크에 담아 놓은 것을 환자들이 컵으로 떠서 마셨다. 염소 소독은 없었다.

이처럼 같은 MSF 네덜란드가 후원하는 병원이지만, 그 수준에는 큰 차이가 있다는 사실에 나는 흥미로워졌다. 결국, 어떤 수준의 의료와 간호가 이루어지는가는 그곳에 파견된 요원들의 생각과 역량에 크게 좌우되고 있었다.

나는 내가 만든 '병원의 의료 요원이 해야 할 일'을 바탕으로 하여 현장의 실상에 맞게 가장 우선해야 할 내용만을 요원들에게 설명하고, 의료 현장인 입원실에서 훈련해 나갔다. 한 곳에 겨우 며칠 동안이

아프리카에서는 머리 정맥에 링거주사를 놓는다

라는 시간적 제약 속에서 '가장 우선순위가 높은 것'만을 개선시켜 나갈 작정이었다.

이러한 나의 활동 보고서를 보고, MSF 본부에서는 간호 내용을 개선하기 위한 요원 한 명을 마케니에 긴급 파견하기로 했다. 또한 당분간 레이첼이 마케니에 머물며 근본적인 체제 개선을 모색하기로 했다.

수호신

화제를 돌리자.

어느 날 아침.

토시 "뭐야 메리. 무슨 일이라도 있어?"

메리 "토시, 부탁이 좀 있는데…. 마소코라는 마을의 촌장이 MSF에 부탁을 해 왔어. 그 마을의 진료소를 원조해 주었으면 한다는데…."

토시 "그래서?"

메리 "붐부나의 이동 진료소 일로 내가 좀 바쁘거든. MSF가 개입할 필요가 있는지 나대신 가서 조사 좀 해 주지 않겠어?"

토시 "도로시에게 부탁하면 되잖아? 도로시가 기획 운영 담당자잖아?"

메리 "내가 그 여자에게 뭘 부탁하리라고 생각해?"

토시 "할 수 없군. 내가 가 보지 뭐."

이리하여 나는 마소코라는 마을에 가게 되었다.

자세한 얘기는 생략하지만, MSF가 새로운 진료소를 설치하는 데는 일정한 기준이 있다. 현장에 이용 가능한 다른 진료소가 없어야 할 것과, 그곳에 접근할 수 있는 추정 인구, 유아 사망률, 임산부 사망률, 의뢰자의 입장(신뢰성), 현지 보건성도 희망하고 있는가, 현지에서 조달할 수 있는 의료 종사자의 수와 질 등을 참고하여 판단한다.

그곳은 작고 아름다운 마을이었다. 진료소로 사용하려는 건물은 마을 개발 위원회의 한 회원이 자기 집 하나를 기증한 것이었다. 그리고는 MSF가 꼭 와 주었으면 한다는 것이었다. 마을 전체의 인구는 천여 명 정도로 적었지만, 주변에 있는 10여 개의 마을에도 진료소가 없기 때문에 이곳을 이용할 수 있는 접근 인구수는 수만 명에 이른다고 했다.

마소코 마을의 농부

이를 바탕으로 그러한 정보가 사실인지를 MSF의 현지 요원을 시켜서 조사했다. 이 지역의 인구가 수만 명에 이른다는 것은 대체로 사실이었고, 유아 사망률 등도 상당히 높았다. 나는 다시 마소코 마을의 촌장을 만나, MSF가 마소코의 진료소를 지원하겠다고 약속했다.

그러자 마소코의 촌장은 답례를 하고 싶다고 했다. 그런 것은 필요 없다고 재삼 거절을 했지만 일단 한번 보여 주겠다고 했다.

답례는 '염소'였다.

아마 이 마을에서는 다른 사람에게 답례할 때 선물로 가축을 주는 풍습이 있는 듯했다. 되도록 현지의 문화를 존중하고자 했던 나로서는 잠시 받을까 하고 망설였지만, 독직 사건에 관련될지도 모른다고 판단하여 그만두었다.

선물을 받지 않은 이유는 또 한 가지 있었다.

그 염소는 수컷이었던 것이다. 암컷이라면 매일 식탁에서 염소 우유를 마시는 즐거움이라도 있겠지만 수컷은 아무런 도움이 되지 않기 때문이다.

정중하게 거절을 하자, 촌장은 대신에 한 가지 제안을 했다. 그 염소에게 나의 이름을 붙여서 영원히 이 마을에서 수호신으로 모시겠다는 것이었다. 나는 깜짝 놀랐다. '이거 너무 일이 크게 되어 버렸는데' 하고 생각하여 거절하려 했지만 촌장의 의지는 완고했다. 결국 받아 가는 것보다는 낫겠다고 생각하여 '토시'라는 이름의 염소를 남겨 두고 마그부라카로 돌아왔다.

그리고 며칠 후, 진료소를 세우기 위해 목공을 데리고 그 마을을 다시 찾은 나는 먼저 나의 분신(?)인 염소 '토시'를 찾아보았다. 그러나 어디에도 '토시'는 보이지 않았다.

어떻게 된 건가 하고 아이들에게 물어보았다. 그러자 코흘리개 소년이 이렇게 말했다.

"진짜 맛있었어요."

마소코 마을의 어린이들

10

떠나면서

송별회의 눈물

2002년 3월, 마그부라카 병원 옆에 새로운 선술집이 생겼다. '뉴 라이프(New Life)'라는 이름이었다. 나의 송별회는 그 새로 생긴 술집 뉴 라이프에서 갖게 되었다.

송별회에는 파견 요원과 마그부라카 병원 요원 거의 전원이 참석했다. 포노 원장과 여성회장, 마을 개발 위원회의 회원들, 대추장의 일족, 시크리트 소사이어티의 중진들도 와서 한마디씩 했다.

감사 인사가 끝난 뒤, 20개가 넘는 단체의 선물 증정이 있었는데 도저히 양손으로 다 들고 있을 수가 없었다. 선물은 대부분 그들 문화의 상징이기도 한 '가라'라고 하는 독특한 문양을 가진 직물이었다. 그것을 20개 넘게 받아든 내 주위는 화려한 꽃이 만발해 있는 듯했다. 그후에는 테이블을 정리하고 디스코장을 만들어 모두가 밤늦게까지 춤을 추었다.

최고였다. 아무것도 생각하지 않고 웃고 노래하며 마셨다. 그런데 나의 눈을 글썽이게 만든 것은 조지 사무장의 이별사였다.

"토시 야마모토는 작년 9월 시에라리온에 온 이래, 하루 24시간 쉬지도 않고 진료와 철저한 교육 활동을 했습니다. 교육 활동은 병원 요원들뿐만이 아니라 지역 사회의 일반인들에게도 실시되었습니다. 그 결과 이 지역의 의료 사정과 위생 상태는 크게 향상 되었습니다.

지금까지의 많은 외국인 자원봉사자와는 달리 그는 스스로 우리들의 말과 풍습을 배우고, 항상 우리들과 대등한 입장에서 일하며 의견을 교환하는 자세를 보여 주었습니다. 이러한 그의 자세는 병원 내뿐만 아니라 이미 여러 지역 단체들에게도 높이 평가되고 있습니다.

그래서 우리 시크리트 소사이어티에서는 우리 단체의 최고 호칭인 '얌바'를 수여하기로 결정했습니다. 이 때문에 올 초부터 '얌바 토시'로 불리게 되었고, 그의 성이 야마모토인 관계로 최근에는 '얌바모토 토시'로 불리고 있습니다.

그를 보내게 된 것은 우리들로서는 커다란 손실입니다. 하지만 그가 교육한 카를로스와 같은 사람들이 병원에 있는 이상 우리 마그부라카 병원은 안심입니다. 장차 그가 가게 될 나라에서도 그의 능력이 빛이 되어 그 나라의 미래를 밝게 비춰 주기를 바랍니다."

새로운 시작

시에라리온의 장기화된 내전을 해결하기 위해 1999년 UN은 UN 시에라리온 파견단(United Nations Mission in Sierra Leone: UNAMISL)을 결성했다. 여기에는 아프리카의 대국인 나이지리아와 케냐, 멀리서는 영국과 파키스탄 등 각국 군대가 참전하였기 때문에 그 규모가 상당했다.

그 결과, 2000년 이후 RUF는 점차 열세로 몰렸고, 2001년 말에는 정부군(UN군)과의 휴전 협정이 체결되었다. 휴전의 조건은 RUF가 시에라리온에서 무장 해제를 하고 군대를 완전히 해체하는 것이었다. 대신 RUF는 지금까지 저지른 잔학 행위에 대한 어떠한 추궁도 받지 않으며 시에라리온의 한 정당으로서 남는다는 것이었다.

최종적으로 양측은 이 조건을 받아들여, 2001년 11월부터 조금씩 무장 해제가 진행되었다. 그리고 내가 가나로 휴가를 떠나기 직전인

2002년 1월 드디어 공식적인 휴전이 선언되었다.

하지만 이것으로 정말로 평화가 찾아왔는가? 실은 아직 모른다. 시에라리온은 전에도 몇 차례 이러한 휴전 협정이 체결되었지만 2~3년이 지나면 또다시 군부에 의한 쿠데타나 반란, 민족 분쟁 등이 발생하여 아무 진전 없는 역사를 되풀이해 왔다. 이 때문에 UN군과 서아프리카 연합군이 당분간 주둔하기로 했다.

특히 걱정되는 것은 2002년 5월로 예정되어 있는 총선거의 결과이다. 이때 정당으로 탈바꿈한 RUF가 어느 정도의 의석을 확보하면 좋겠지만, 그렇지 않을 경우 선거 결과에 불만을 품고 또다시 반란을 일으킬 가능성이 있다. 얘기가 복잡해지지만, 코노 주라고 하는 동쪽 지역에 있는 민족이 최근 타민족을 무력으로 배척하고 있는 것도 걱정이다. 여기에 인접국인 라이베리아 군대도 국경 근처에서 불온한 움직임을 보이고 있어 결코 모든 것이 안정되어 있다고 볼 수 없다.

이 나라의 정세는 아직 예단할 수 없으며 앞으로도 유심히 지켜봐야 한다.

6개월간의 프로젝트를 끝내고 나는 일본으로 돌아가게 되는데, 이것으로 시에라리온에서의 나의 국제자원봉사이 끝나는 것이 아니다. 오히려 지금부터 진짜 정열을 쏟아야 한다. '그 나라의 미래에 도움이 될 시스템 만들기'를 국제자원봉사의 신조로 하고 있는 나로서는, 일본에 전혀 알려지지 않은 이 나라의 실태를 되도록 많은 사람들에게 알리고, 원조를 위한 자금을 모아 전쟁이 다시 시작되지 않도록 UN을 비롯한 많은 국제기구에 호소해야 한다. 이를 위해 매스컴에 호소하고, 잡지에 기고하고, 강의를 하고, 책을 쓰고, 사진전을 여는 등 종합적인 홍보 활동을 조직적으로, 때로는 개인적으로도 해 나가야 한다.

그리고 몇 년 후, 나는 시에라리온에 다시 돌아오게 될 것이다. 자신이 과거에 했던 일의 의미를 깨닫고, 그들의 미래를 위해 이번에는 무엇을 할 수 있는지를 찾기 위해서.

에필로그

총선거의 결과는?

2002년 5월 14일, 시에라리온에서는 총선거가 실시되었다. 그 결과 현직 카바 대통령이 이끄는 LPP(시에라리온인민당)가 70퍼센트를 넘는 득표를 하여 대승리를 거두었다. 정당으로 참가한 RUFP(혁명통일전선당)의 득표율은 겨우 1.7퍼센트였다. 이러한 결과는 어느 정도 예상하고 있었지만, 문제는 선거 결과에 불만을 품은 RUFP가 또다시 전란을 일으킬 것인가에 있었다.

선거 결과가 온 세계에 보도된 지도 수개월이 지났지만 RUFP는 아직 침묵을 지키고 있다. 아주 불안하지만 아직도 주둔해 있는 UN군과 서아프리카연합군의 감시가 효과를 발휘하고 있기 때문일지도 모른다.

나름대로의 '미래에 도움이 될 의료 시스템'을 만들어 온 나로서는 또다시 전란이 시작되어 모든 것이 물거품이 되어 버리지 않도록 어떻게 해서든 지금의 평화가 지속되기를 바랄 뿐이다.

　총선거가 있은 몇 달 후 '네리카 쌀'이라는 새로운 벼 품종이 UN을 통하여 전 세계에 보급되었다. 환경 변화에 강한 아프리카 쌀과 수확량이 많은 아시아 쌀의 장점만을 골라 교배시킨 이상적인 품종이다. 이것은 빈곤에 허덕이고 있는 아프리카 각국의 식량 문제를 일거에 해결할 수 있을 정도의 효과를 가진 굉장한 연구 성과로, '기적의 쌀'로도 불린다.

　가난한 나라들의 미래를 바꾸는 것은 그들 스스로의 힘으로 헤쳐 나가야 하며, 외부에서 들어온 우리가 할 수 있는 것은 얼마간의 과학적 조언으로 세계의 다양성을 소개하는 정도라고 생각한다. 미래를 선택하는 것은 그들 자신이며, 그 미래를 바꾸어 나가는 것 또한 그들이기 때문이다.

후기를 대신하여

진정한 국제자원봉사란 무엇인가?

지금까지 읽어 준 여러분에게 감사를 드린다. 마지막으로 이 책을 출판하게 된 이유를 설명하고자 한다.

이 책의 '드러난' 주제는 세계에서 가장 의료 사정이 열악한 시에라리온이라는 나라를 조금이나마 더 많은 사람들에게 알리는 것, 그리고 국제자원봉사에 흥미를 가진 사람들에게, 현지에서 어떠한 활동을 하고 있는지를 구체적으로 소개하는 것, 이 두 가지였다.

반면 이 책에는 '숨겨진' 주제가 있다. 그것은 진정한 의미의 국제자원봉사란 무엇이며, 원조를 받는 나라의 미래에 있어서 실제 도움이 되는 형태의 국제자원봉사이란 무엇인가를 생각하는 계기가 되었으면 하는 바람에서였다.

나는 이 숨겨진 주제에 관하여 스무 살 무렵부터 죽 고민해 왔는데, 아직도 확실한 결론은 얻지 못했다. 하지만 직접 국제자원봉사에 참가하면서 나름대로의 견해를 갖게 되었다.

앞으로 국제자원봉사에 참가하고자 하는 분들에게 조금이라도 참고가 될까 하여 적어 둔다.

나의 국제자원봉사에는 여섯 가지의 요점이 있다.

① **교육과 그 후의 시스템 확립**

국제자원봉사에서 가장 중요한 키워드는 '지속성'이다. 현지의 가난한 사람들에게 일시적으로 돈을 나누어 준다든가, 단기간 동안 자원봉사 의사가 아무리 열심히 의료 활동을 한다고 해도 근본적으로는 아무것도 해결되지 않는다. 자기만족이라는 소리를 들어도 어쩔 수 없는 결과가 되어 버린다.

따라서 진정으로 의미 있는 자원봉사 활동을 하고 싶다면, 현지의 문제가 해결될 때까지 지속적으로 원조를 계속하는 것이 무엇보다도 중요하다.

국제 의료 자원봉사의 경우, 내가 6개월간 아무리 힘을 쏟는다 해도 대국적으로 보면 보잘 것 없는 것으로 돌아온 뒤에는 아무것도 남지 않는다. 자기만족을 위한 것이 아니라 현지인들의 미래에 진정으로 도움을 주기 위해서는, 내가 돌아온 뒤에도 내가 있었을 때와 같은 수준의 의료가 유지되도록 현지 의료 요원들을 철저하게 교육시키고, 또한 보건성이나 UN 등의 국제 사회에 호소하고, 안정된 의료 물자의 공급이 이루어 질수 있는 시스템을 만드는 것이 필요하다.

이것은 내가 생각하고 있는 '진정한 의미의 국제자원봉사'의 근간이 되는 것으로, 바닥난 체력으로 교육을 실시한 가장 큰 이유이다. 직접 환자를 고치는 활동만을 계속하는 것은 자기만족에 지나지 않으며, 현지 요원이 나와 같은 수준의 의료 활동을 할 수 있도록 하는 것이 무엇보다도 중요하다고 믿었기 때문이다.

② 현지의 문화와 풍습의 존중

개발도상국이라고 해도 아시아, 아프리카는 구미의 역사를 훨씬 뛰어넘는 수천 년의 문화와 문명이 존재한다. 그들의 이러한 역사를 존중하지 않고, 어느 날 갑자기 찾아와 내키는 대로 국제자원봉사를 시작하는 것은 절대로 삼가야 한다.

서구의 국가들은 자신들의 문화인 자본주의나 서구형 민주주의, 서양 의학이 절대적으로 선진화된 것이기 때문에 그것을 주입시키는 것

나와 병원 요원들

이 무조건 옳다고 생각한다. 수천 년 동안 지속되어 온 그들의 문화에는 우리들이 그리 간단히 말할 수 없는 자연과 그 땅의 풍토에 밀착된 독특한 사고방식이 존재한다. 외부에서 보는 것만으로 판단할 수 없는 것이다.

이 때문에 국제자원봉사를 시작하려면 우선 그들의 언어를 배워서 현지의 문화, 풍습, 종교, 정치 형태 등을 이해한 후에, 어떠한 봉사 활동이 그들에게 있어 필요한가를 먼저 생각해야 옳다고 생각한다.

하지만 현지의 사람들과 일정한 거리를 두는 것도 중요하다. 그들의 문화를 이해하되 영합하지는 않는다는 말이다. 그들은 기본적으로 자신들의 좁은 세계밖에 보지 못하며, 세계 전체의 시류나 우리들이 할 수 있는 일의 범위와 역량을 알지 못한다.

외부에서 온 우리들도 거시적 입장에 서서 그 나라의 미래에 무엇이 중요한가를 객관적으로 생각해야 하는 것이다.

이것은 앞의 내용과 모순되는 듯 보이며, 실제 현장에서도 그렇다. 그러나 이 두 가지의 균형을 잡아 가는 것이 국제자원봉사를 하는 데 있어서의 첫 번째 키포인트가 된다. 진정한 인도주의를 실천하는 사람에게 있어 이 명제는 마지막까지 따라다니는 것이라고 생각한다.

③ 비참함을 과장하지 않고, 그들을 대등한 인간으로서 인식한다

가끔 현지의 비참함을 강조하는 듯한 사진과 글들이 신문이나 텔레비전과 같은 매스컴에 실려 세상을 떠들썩하게 한다. 이것은 기본적으로 큰 문제이다.

비참함을 강조하면 그들은 가난하므로 단지 식량이나 돈을 주면 기뻐할 것이라고 선진국 사람들은 생각하게 된다. 이러한 감정은 안타깝게도 그들을 비하하는 계기가 되며, 그들도 우리들과 똑같은 사람이라는 인식을 흐리게 만든다. 정말로 그들이 무엇을 원하고 있는지는 알려고도 하지 않고 말이다.

최근에 화제가 되고 있는 아프가니스탄의 난민들도 그렇지만, 그들의 눈은 죽어 있지 않다. 연민을 유도하는 듯한 모습도 없으며, 자긍심을 갖고 살아가고 있다.

실제로 그들이 바라는 것도 식량이나 돈이 아니라, 조국에 돌아가 가족과 재회하는 것 등 물질과는 관계없는 경우가 많다. 이러한 사정을 무시하고 어느 날 갑자기 들어와 친절을 베푸는 것, 이것이야말로 자기만족이며 그들에 대한 실례이다.

현지의 비참함을 전달하기 위한 사진이나 글들을 발표하는 것도 괜찮지만 그와 동시에 그들도 우리들과 똑같이 존엄성을 가진 인간이며, 훌륭한 문화와 역사를 갖고 있다는 것을 잊어서는 안 된다.

④ 어린이들을 도울 경우, 가족계획 즉 콘돔을 배포하고, 이것을 사용하도록 현지인들을 철저히 교육시키는 것이 아주 중요하다

지구의 크기를 생각하면 인구가 너무 많아 이대로는 식량 위기 등으로 인류는 멸망해 버릴 것이다. 과장되게 들릴지 모르겠지만 이것은 사실이다. 때문에 연간 천만 명이 넘게 죽어 가는 아프리카의 어린이들을 위해 뭐든 좋으니 도와주자는 것이 좋다고만은 생각하지 않는다. 내가 20살 무렵에 국제자원봉사 따위는 무의미하다고 생각한 가장 큰 이유가 여기에 있었다.

이 모순을 해결하기 위해서는 전쟁 중이거나 전쟁 직후의 긴급 사태에서도 죽어 가는 어린이들을 구함과 동시에, 어떠한 비참한 상황에서도 콘돔 배포와 피임 교육을 실시해야 한다.

왜 '동시에'를 강조하는가 하면, 긴급 사태가 지나가면 국제 사회나 매스컴의 주목을 받지 못하게 되어 자원봉사를 할 만큼의 자금이 조달되지 않기 때문이다. 그러면 다시 비참한 상태로 되돌아갈 수가 있다. 예산이 있을 때부터 가족계획을 교육하지 않으면 결국 어린이만을 구하고 끝나 버린다. 우선 어린이들을 구하고 안정이 되면 가족계획을… 하고 말하는 단체들이 많지만, 긴급한 상황이 개선되면 그것을 잊는 경우가 대부분이다.

죽어 가는 어린이를 구하는 것은 국제자원봉사의 상징처럼 보이지만 실제로는 그렇지가 않다. 세계 전체의 미래까지를 시야에 넣고 활동하지 않으면 국제자원봉사는 무의미하게 끝나 버린다.

⑤ **돈을 그냥 주는 것이 아니라 빌려 주는 것**

자원봉사라고 하면 돈이나 식량, 의약품을 무료로 주는 것이라고 생각하는 사람이 많은데 그것은 기본적으로 잘못이다.

빈곤이라는 것은 사회 전체의 구조적인 문제로, 가난한 사람에게 일시적으로 그것도 단기간 동안 돈을 준다 한들 아무것도 개선되지 않는다. 그것보다 진짜 원인이 무엇인지를 생각해야 한다.

또한, 돈을 대가 없이 받는 사람은 아무것도 하지 않아도 하늘에서 돈이 떨어진다는 생각에 일할 의욕을 잃고 태만해진다. 이것은 그 나라의 미래에 전혀 바람직하지 않다.

이러한 국제자원봉사의 문제점을 해결하기 위해, 현재 각지에서 주로 채택하고 있는 방법이 있다. 그것은 '마이크로 크레디트'라고 불리는 방법이다. 간단히 말하면 돈을 그냥 주는 것이 아니라 빌려 주는 것이다. 그것도 이자를 물리며. 이렇게 하여 그들은 당면한 생활 자금을 해결하지만 앞으로 그 돈을 갚아야 하기 때문에 열심히 일하게 된다. 이자도 있기 때문에 일정 기간 안에 갚으려고 노력할 것이다.

이러한 수법은 그다지 국제자원봉사에 익숙하지 않은 사람이 처음 들으면 위화감을 느낄지도 모른다. 하지만 가슴을 열고 잘 생각해 보기를 바란다. 단지 좋은 일을 좀 해 보고 싶다든가 하는 자기만족이 아니라 진짜 그 나라의 미래를 위해 어떻게 하는 것이 가장 좋은 것인가를 생각하면 가족계획이나 마이크로 크레디트가 얼마나 중요한가를 알게 되리라고 믿는다.

⑥ 자원봉사자를 세계로 확산시킨다

좀 단순한 생각일지도 모르지만 내 마음속에는 다른 사람에게 좋은 일을 하면 그 사람도 또 다른 사람에게 친절을 베풀어 온 세상으로 행복이 퍼져 갈 것이라는 믿음이 어딘가에 아직도 남아 있는 것 같다.

전에 '웃으면 좋아'라는 텔레비전 프로그램에서 '세계로 넓혀 가자. 우정의 끈을' 이라는 상투어가 사용되었는데, 바로 이 상투어와 의미가 같은 말이다. 물론 이 생각은 이상(理想)으로, 현실을 잘 생각해 보면 인간은 저마다 가슴속에 선한 부분과 악한 부분을 모두 가지고 있어 좀처럼 그리 간단치 않다는 것은 나도 알고 있다. 또한 세계에서 가장 넓게 퍼져 있는 종교인 이슬람교의 코란에는 이렇게 적혀 있다.

'가진 자는 가난한 자에게 재물을 베풀어라. 그렇지 않으면 행복해질 수 없다'

나나 외국인 자원봉사자들이 아무리 돈이나 식량을 주어도 그들은 코란에 적혀 있기 때문에 당연하다고 여기며, 전혀 감사하게 생각하지 않는다. 때문에 돈이 있는 사람이 국제자원봉사로서 그들에게 물품을 베풀어도 "감사합니다."라고는 절대로 말하지 않는다. 무표정으로 받아 갈 뿐이다.

나는 이러한 상황을 개선하고 싶었다. 스스로 그들에게 감사를 받기 위해서가 아니라, 그들을 위해서 정말로 봉사하는 사람이 있다는 것을 알려 주고 싶었다. 이를 위해서는 우선 그들의 말을 배우고, 세상에는 이슬람교를 믿지 않는 사람들도 있다는 것을 설명하고, 그런 후에 돈과 식량, 의약품을 제공하는 것뿐만 아니라 그들 옆에서 매일 12시간 이상을 주말도 없이 일하며 그들의 가족을 병마에서 구할 필요가 있었다.

신께서 보장하는 미래의 안락을 위한 것이 아니라, 아무런 대가없이 봉사하는 사람들이 있다는 것을 몸으로 알리기 위하여.

사실 응급 환자를 죽음의 문턱에서 살려내는 데 성공하면 그들로부터 몇 번이고 "모모요!(고맙습니다)"라는 소리를 듣는다. 감사합니다, 하고 말한 사람이 장래 주위의 다른 사람에게 좋은 일을 한다면 나의 국제자원봉사은 거기에서 완결된다고 할 것이다.

긴 문장이 되어 버렸지만 어쨌든 내가 생각하고 있는 최선의, 자기만족이 아닌 의미 있는 국제자원봉사에는 몇 가지의 포인트가 있다는 것을 알아주었으면 하는 바람에서 적었다. 다만 나 자신, 지금도 국제 자원봉사의 형태로 무엇이 옳은 것인지 혼란스러우며, 솔직히 말하면 잘 모른다. 이런 나의 의견에 찬반양론이 있다는 것은 당연하다고 생각하며, 모든 것이 결국은 자기만족에 지나지 않는다고 한다면 그럴지도 모르겠다.

그렇다 하더라도 나는 머릿속의 혼란을 헤쳐 가며 앞으로 나아가고 있다. 여러분이 이 책을 읽고 있는 순간에도 나는 세계 어딘가에 파견되어 나의 이상이, 나의 생각이 옳은 것인가를 확인하기 위해 필사적으로 뛰어다니고 있을 것이다.

"감사합니다." 하고 말해 주는 그들의 미래를 굳게 믿으며.

2002년 9월

야마모토 토시하루 MSF 파견 기록
2001년 9월 18일 서아프리카 시에라리온에 의사로 파견
2002년 3월 22일 6개월간의 일정을 마치고 귀국

국경없는 의사회
Medicins Sans Frontieres : MSF

1971년 설립된 민간 의료 구호 단체.

1968년 나이지리아 비아프라 내전에 파견된 프랑스 적십자사 소속의 의사와 언론인 12명이 1971년 파리에서 '중립, 공평, 자원, 정치·종교·경제적 권력으로부터의 자유' 라는 기치 아래, 전쟁·기아·자연 재해 등으로 고통 받는 세계 각 지역의 주민들을 구호하기 위하여 설립한 국제 민간 의료 구호 단체.

그 후, 벨기에 브뤼셀에 본부를 두고 20개국에 사무소를 둔 세계 최대의 의료 기호 단체로 발전하여 매년 3,000명 이상의 자원봉사자들이 전 세계 70여 개국에서 활동하고 있다. 의사뿐만이 아니라 각 분야의 지원자들로 구성된 이들 자원봉사자들은 MSF 설립 이념에 따라 인종·종교·신념을 떠나 차별 없는 구호 활동을 벌여 왔다. 또한 창립 때부터 개인 기부금으로 재정의 70% 이상을 충당함으로써 독립성과 자율성을 확보해 왔다.

1995년 국제비정부기구(NGO)로는 유일하게 북한 수해 현장에 들어가 전염병 예방과 의약품과 의료장비 지원 활동을 하였으며, 1996년과 1998년에도 북한에 들어가 활동했다.

한국은 이 단체에 일정액의 기부금을 내고 있지만 아직까지 참여하지 않고 있다. 하지만 노벨상에 앞서 이들에게 1996년 서울 평화상을 수여함으로써 이 기구의 인류에 대한 헌신에 대하여 국제적 관심을 이끌었다.

1991년 '유럽 인권상'과 미국 필라델피아 시가 주는 '자유의 메달'을 수상하였고, 1997년에는 북한에서 구호 활동을 벌인 공로로 서울특별시가 제정한 '서울 평화상'을 수여했다. 세계 각지의 분쟁·참사 지역에 신속히 들어가 구호 활동을 펼침으로써 인도주의를 실천하고 일반 대중의 관심을 촉구한 공로로 1999년 노벨 평화상을 받았다.

부록 1

국제 의료 협력에 주로 사용되는 통계학적 수법

① 대상 집단의 인구를 측정한다

인구를 측정하는 데는 센서스로 불리는 전체 조사와 표본조사가 있는데, 예산 관계로 실제로는 표본 조사가 자주 이용되고 있다. 특히 공중위생의 세계에서는 국화추출법(局化抽出法: 대집단을 여러 개의 소집단으로 나누어 각각의 소집단에서 표본을 추출하는 것)이 사용된다. 대상 집단의 숫자, 연령 분포, 성별, 매일 매일 유입되는 인구수와 유출되는 인구수 등을 조사한다.

② 질병에 걸린 환자의 수를 조사한다

이병률(morbidity, 罹病率, 병에 걸리는 사람의 비율)에 관한 여러 용어에는 다음과 같은 것들이 있다.

이환율(incidence, 罹患率, 병에 걸리는 비율): 홍역 등의 급성 질환이 발생했을 때 사용한다. 이것을 조사하는 의미는 백신 등의 예방 효과를 알기 위함이다.

발병률(attack rate, 發病率): 콜레라와 같이 10퍼센트 정도밖에 발병하지 않는 질환에 사용된다. 전 인구의 어느 정도가 전염되었는지를 알 수 있다.

③ 어떠한 이유에서든 사망한 사람의 수를 헤아린다

사망률(morality)에 관한 용어는 다음과 같다.

조사망률(crude morality rate, 粗死亡率: CMR): 1개월이나 1년의 조사망률의 경우, 인구 10만 명당 사망률을 계산한다. 1일의 조사망률은 인구 1만 명당 사망률로 계산한다. 국제자원봉사의 긴급 프로젝트의 경우, 1일의 조사망률을 사용한다. 이를 바탕으로 어느 정도의 긴급 상태인지를 사정한다.

만약 1일 조사망률이 1을 넘을 경우, 중도의 긴급 상태(severe situation)라 부른다.

조사망률이 1을 넘을 경우 '빅5'로 불리는 5개의 급성 질환을 주요 타깃으로 삼아 치료를 개시한다. 빅5는 말라리아, 폐렴, 설사, 홍역, 영양실조이다. 또한 선택적 식료품 배포 계획(selective feeding program)도 발동된다. 이것은 5세 이하의 어린이, 임산부 등을 대상으로 한 식료품 지급이다.

만약 1일 조사망률이 2를 넘으면 치명적 긴급 상태(critical situation)라고 부른다. 이 경우 UN 등에서 대량의 의약품과 식료품 등이 현지에 보급되어 대규모 식료품 배포 계획이 실시된다. 그 후 1일

조사망률이 1 미만으로 떨어지면 만성적인 문제에도 착수한다. 결핵, 에이즈, 그 외 성병이나 출생수의 조절(reproductive health) 등이다.

유아 사망률(infant mortality: IMR): 출생수 천 명당 유아(1세 미만) 사망률. 긴급 상태에서 유용하게 사용된다. 이에 반해 신생아 사망률(생후 28일까지의 사망)이나 주산기 사망률(周産期死亡率, 임신 28주부터 출산 후 7일까지의 사망)은 긴급 상태에서 별 의미가 없다고 여겨지고 있다.

참고로 시에라리온은 유아 사망률이 출생수 천 명당 200 이상으로 세계에서 가장 높다. 일본이 겨우 3인 것과 비교하면 어느 정도 열악한지 알 수 있다.

5세 미만 사망률(under 5 mortality rate: U5MR): 이 지표는 유니세프에서 사용하는데 긴급 상태에서 실시되는 것은 계산 방법이 다르기 때문에 주의가 필요하다.

유니세프의 경우 5세 미만 어린이의 사망수를 같은 시기의 어린이 출생수로 나눈다. 참고로 이 지표를 사용한 시에라리온의 통계를 살펴보면, 출생수 천 명당 350 이상으로 세계 최악이다. 태어난 어린이들의 30퍼센트 이상이 5살이 되기 전에 사망하는 것이다.

긴급 상태에 사용되는 5세 미만 사망률은 어느 일정 기간에 사망한 5세 미만의 어린이 수를 같은 시기의 5세 미만 전체 어린이수로 나눈다. 긴급 상태에서는 이쪽의 5세 미만 어린이 사망률을 사용하여 긴급성인지의 사정이 실시된다. 보다 긴급 시에는 5세 미만 어린이수를 대상 집단 인구의 20퍼센트로 가정한다. 즉, 5세 미만에 사망한 어린이 수만을 조사하면 5세 미만 사망률을 계산할 수 있다.

5세 미만 사망률은 영양실조에 대한 식료품 배포 계획이 실시된 후의 평가에 사용된다. 또한, 조사망률과 같이 집단 전체의 긴급성을 측정하는 지표도 된다. 5세 미만 사망률(긴급용)이 2 이상이면 중도의 긴급 상태이고 4 이상이면 치명적인 긴급 상태이다.

④ 개별 질환에 대한 치료, 예방 계획을 실행한 후의 평가 방법

알기 쉽게 여기서는 홍역을 예로 소개한다.

홍역 특이적 사망률(measles specific mortality rate): 홍역으로 사망한 환자수를 인구로 나눈다. 조사망률과 같은 계산 방법을 사용한다. 이 숫자는 주로 예방 대책을 평가하는 데 사용된다.

홍역에 걸렸을 경우의 증례치사율(case fatality rate measles, 症例致死率): 홍역으로 사망한 환자의 수를 전 홍역 환자수로 나눈다.

이 지표는 치료 효과의 판정에 사용된다.

사망에 대한 홍역 사망의 비율(proportional mortality measles): 홍역으로 인해 사망한 사람의 비율이 모든 사망 원인의 몇 퍼센트인가? 그 지역, 그 집단 안에서 가장 높은 사망 원인을 알아낸다. 즉 우선적으로 힘을 쏟아야 하는 질환을 찾아내는 데 사용된다.

홍역 예방 접종의 보급 비율(coverage rate measles): 홍역 백신을 접종한 사람이 어느 정도 있는가? 예방 효과를 판정하는 데 사용된다. 대상 집단 전체에 대한 공중 위생적 효과의 평가가 되기도 한다.

부록 2

국제 의료 협력에 있어서 물과 위생, 영양에 관한 표준

① 1인당 필요한 물의 양

하루 5리터로 되어 있지만 책에 따라 상당한 의견 차가 있다. 이것은 음료용뿐만 아니라 조리, 세탁, 세면에 필요한 물을 포함한다.

부근에 우물이나 강이 있는지를 조사한다. 또한, 음료수를 염소화하여 정화할 경우 염소 농도는 0.05퍼센트(0.5mg/L)로 규정하고 있다.

② 집단에 필요한 화장실의 수

제1단계에서는 100가구당 하나이다. 제2단계에서는 20가구당 하나, 제3단계에서는 1가구당 하나이다.

③ 난민과 국내 난민에게 필요한 영양의 양

하루 2,000칼로리로 되어 있다. 일본인의 감각으로 보면 상당히 많은 양이라는 느낌을 받을지 모르지만 이 정도는 필요하다. 가난한 사람들이기 때문에 남은 식량을 조금 나눠 주면 되겠지 하는 것은 잘못된 생각이다. 비참한 상황에 놓여 있기 때문에 오히려 스트레스가 쌓이고 병에 걸리기 쉽기 때문에 이에 대항할 수 있는 에너지가 필요한 것이다.

단백질의 비율이 총 섭취 칼로리의 10~20퍼센트가 되도록 한다.
지방의 비율은 7퍼센트 정도가 되도록 한다.
비타민 A, B, C, D와 철분, 요소의 함량에도 신경을 쓴다.
그 지방의 기후, 풍토를 배려하고 현지에서 구할 수 있는 농작물을 고려한다.

④ **영양실조(Malnutrition) 환자에 대한 취급**

국제자원봉사의 주요 대상으로 삼는 것은 6개월~59개월(생후 6개월에서 5세 미만)이다. 만약 연령이 불명인 경우 신장 65cm~110cm의 범위로 한다.

왜 이 연령층에 주목하는가 하면 인종에 관계없이 체중, 신장의 비율이 일정하다는 것과, 이 연령층의 영양 상태는 전 인구의 영양 상태를 반영한다고 알려져 있기 때문이다.

⑤ **개인의 영양실조와 집단의 영양실조**

위팔 둘레(Mid-Upper Arm Circumference: MUAC): 어린이가 영양실조인지를 판정할 때 맨 먼저 실시하는 조사로, 스크리닝(식별 카드)을 사용한다. 그다지 정확하지는 않지만 아주 간단하다. 12.5cm

미만은 영양실조, 11.0cm 미만은 중증 영양실조이다.

    신장과 비례한 체중(Weight for Height: W/H) : 이 지표가 영양실조를 판단하는 국제적인 표준이다. 영양실조로 진단하는 확정 진단에 사용된다. 마이너스 2SD 미만 또는 정상의 80퍼센트 미만이면 중간치 영양실조, 마이너스 3SD 미만 또는 정상의 70퍼센트 미만이면 중증 영양실조이다. 또한 전신에 부종이 있는 경우에도 중증 영양실조로 진단한다.

    보디 매스 인덱스(Body Mass Index: BMI) : 체중(kg)을 신장(m)으로 두 번 나눈 것. 5세 미만 어린이는 이것을 사용한다. 이 수치가 16 미만이면 영양실조이다.

⑥ 집단의 영양실조

    영양실조에 걸린 어린이의 비율이 5퍼센트 미만이면 정상 상태, 8퍼센트 이상이면 중도의 긴급 상태, 15퍼센트 이상이면 치명적인 긴급 상태로 간주한다.

    집단이 긴급 상태로 판단되면, 5세 미만 어린이와 임산부에게는 보조 식료품 배포가 시작된다.

    본문 중에 나오는 나 이외의 파견 요원 이름은 모두 가명이다. 연애나 업무상의 중대한 과실 등 개인의 사생활에 영향을 미치는 내용이 많이 나오기 때문이다. 이 책은 이러한 현장의 실태를 근거로 높은 이상을 안고 국제자원봉사을 실천하는 소중함을 기록한 것이다. 이점을 이해해 주었으면 한다.

나비지뢰

이탈리아 최고의 문학상, 비아레지오 바실리아 상 수상작. 전쟁은 그 땅에서, 아니 전 세계 구석구석에서 지금도 계속되고 있습니다.

지노 스트라다 지음 | 값 9,000원

아름다운 인생 오드리 헵번

영화 같은 삶을 살다 간 여인. 남작 가문의 엄마, 나치에 협력한 아빠. 죽음의 문턱을 넘나든 전쟁 시절의 기억. 발레리나에서 대스타로의 길. 두 번의 결혼과 이혼, 그리고 사랑과 평화를 향한 유니세프 활동. 너무나 빨리 찾아온 죽음. 영원히 기억되는 소녀, 오드리 헵번…

알렉산더 워커 지음 | 김봉준 옮김 | 값 15,000원

파타고니아

지구의 땅 끝. 남아메리카 대륙의 파타고니아로의 역사 여행! 천재 작가 브루스 채트윈의 데뷔작. 유럽의 이주민들, 파타고니아 왕국 건설을 꿈꾼 사나이, 미국에서 도망쳐온 갱단 부치 캐시디와 선댄스 키드, 천재 학자, 스페인 무정부주의자, 지금은 모두 절멸한 선주민 인디오…. 고생물 밀로돈과 신화의 유니콘과 함께 시간과 공간을 넘어 주마등처럼 나타났다 사라진다.

브루스 채트윈 지음 | 김혜강 옮김 | 값 12,800원

해외 자원봉사에 참가하는 사람들의 참가 이유는 정말 다양합니다.

세계 각지를 여행하는 것이 좋다든가, 영어 회화 공부에 도움이 될 것 같아서 또는 왠지 좋은 일을 좀 해 보고 싶어서 참가하는 사람들이 상당히 많아요. 때로는 종교적인 신념이나 순수하게 인도적인 원조에 관심이 많아서 봉사 활동을 하는 사람들도 있습니다.
심지어는 현재의 생활에서 벗어나기 위해 참가하는 사람도 있습니다.
훌륭한 이유도 저속한 이유도 없습니다. 사실 그냥 여행을 좋아한다든가, 외국어를 배우고 싶다든가 하는 가벼운 이유로 참가하는 사람들이 훨씬 더 많습니다. 오히려 이런 사람들이 현지에서의 적응력도 뛰어나, 이상은 정열에 불타고 있지만 적응력이 없는 사람들보다도 훨씬 소중하죠.

값 9,000원